The Big Guitar Chord Songbook
The Nineties

Exclusive distributors:
Music Sales Limited
8/9 Frith Street, London W1B 3JB, England.
Music Sales Pty Limited
120 Rothschild Avenue, Rosebery, NSW 2018,
Australia.

Order No. AM970387
ISBN 0-7119-8847-1
This book © Copyright 2002 by Wise Publications.

Music arrangements by Rob Smith.
Music processed by Andrew Shiels and The Pitts.

Printed in the United Kingdom by
Caligraving Limited, Thetford, Norfolk.

www.musicsales.com

Your Guarantee of Quality:
As publishers, we strive to produce every book
to the highest commercial standards.
The music has been freshly engraved and the book
has been carefully designed to minimise awkward
page turns and to make playing from it a real
pleasure.
Particular care has been given to specifying acid-free,
neutral-sized paper made from pulps which have not
been elemental chlorine bleached. This pulp is from
farmed sustainable forests and was produced with
special regard for the environment.
Throughout, the printing and binding have been
planned to ensure a sturdy, attractive publication
which should give years of enjoyment. If your copy
fails to meet our high standards, please inform us
and we will gladly replace it.

Wise Publications
London/New York/Paris/Sydney/Copenhagen/Berlin/Madrid/Tokyo

Relative Tuning

The guitar can be tuned with the aid of pitch pipes or dedicated electronic guitar tuners which are available through your local music dealer. If you do not have a tuning device, you can use relative tuning. Estimate the pitch of the 6th string as near as possible to E or at least a comfortable pitch (not too high, as you might break other strings in tuning up). Then, while checking the various positions on the diagram, place a finger from your left hand on the:

5th fret of the E or 6th string and **tune the open A** (or 5th string) to the note (A)

5th fret of the A or 5th string and **tune the open D** (or 4th string) to the note (D)

5th fret of the D or 4th string and **tune the open G** (or 3rd string) to the note (G)

4th fret of the G or 3rd string and **tune the open B** (or 2nd string) to the note (B)

5th fret of the B or 2nd string and **tune the open E** (or 1st string) to the note (E)

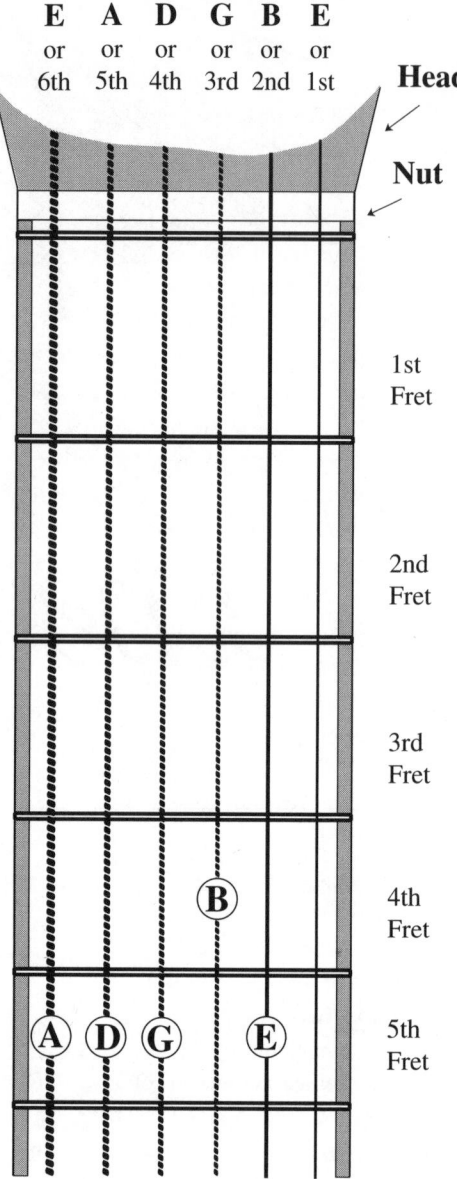

Reading Chord Boxes

Chord boxes are diagrams of the guitar neck viewed head upwards, face on as illustrated. The top horizontal line is the nut, unless a higher fret number is indicated, the others are the frets.

The vertical lines are the strings, starting from E (or 6th) on the left to E (or 1st) on the right.

The black dots indicate where to place your fingers.

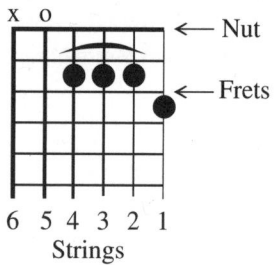

Strings marked with an O are played open, not fretted. Strings marked with an X should not be played.

The curved bracket indicates a 'barre' – hold down the strings under the bracket with your first finger, using your other fingers to fret the remaining notes.

Alive

Words by Eddie Vedder
Music by Stone Gossard

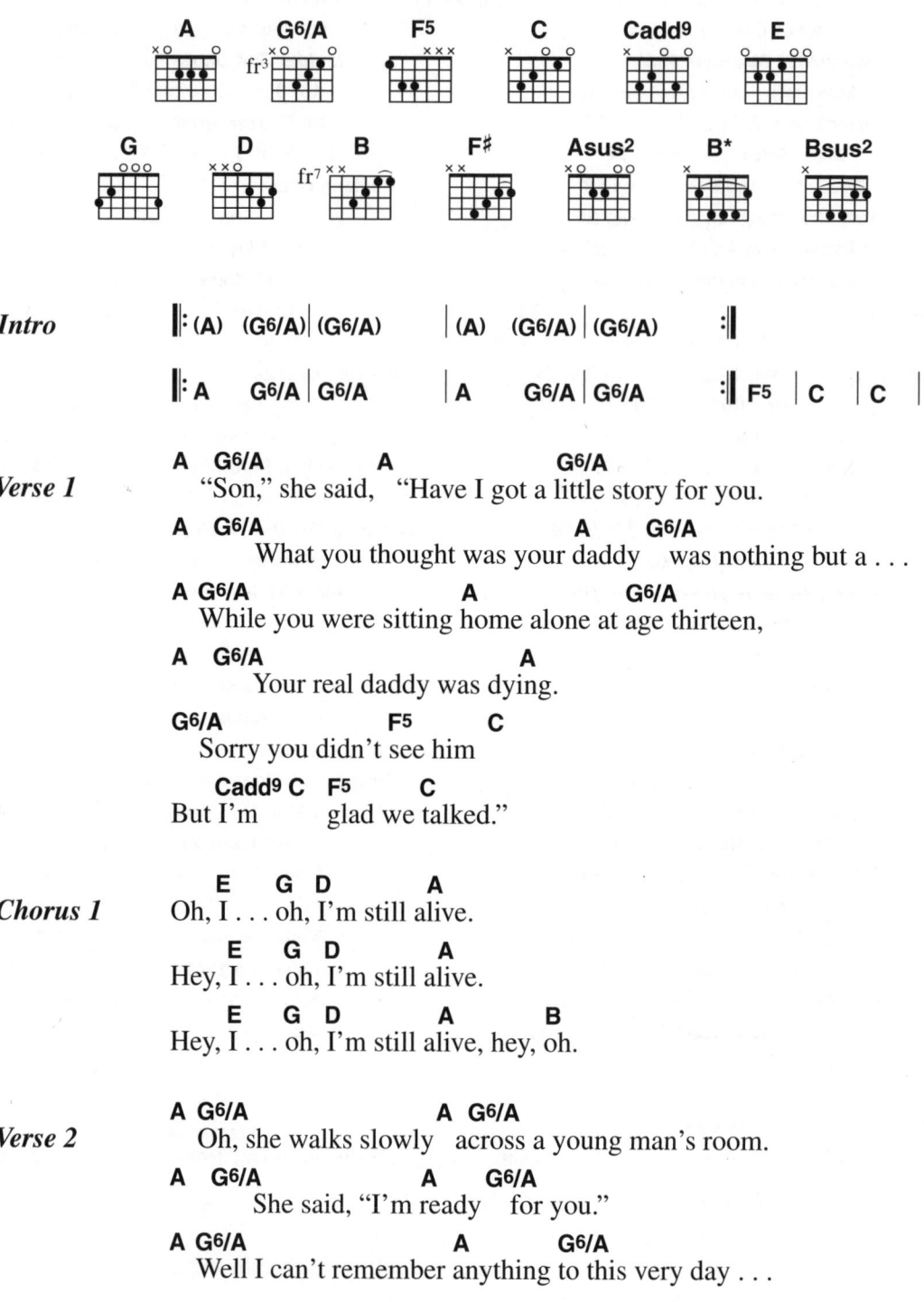

Intro

‖: (A) (G6/A) | (G6/A) | (A) (G6/A) | (G6/A) :‖

‖: A G6/A | G6/A | A G6/A | G6/A :‖ F5 | C | C |

Verse 1

```
 A  G6/A           A           G6/A
"Son," she said,  "Have I got a little story for you.
 A  G6/A                          A        G6/A
     What you thought was your daddy    was nothing but a . . .
 A  G6/A                   A           G6/A
While you were sitting home alone at age thirteen,
 A  G6/A                    A
     Your real daddy was dying.
 G6/A               F5      C
Sorry you didn't see him
      Cadd9 C  F5       C
But I'm      glad we talked."
```

Chorus 1

```
    E   G  D       A
Oh, I . . . oh, I'm still alive.
     E   G  D       A
Hey, I . . . oh, I'm still alive.
     E   G  D       A         B
Hey, I . . . oh, I'm still alive, hey, oh.
```

Verse 2

```
 A G6/A                 A G6/A
Oh, she walks slowly   across a young man's room.
 A  G6/A               A      G6/A
     She said, "I'm ready    for you."
 A  G6/A                       A           G6/A
Well I can't remember anything to this very day . . .
```

cont.

                    A   G6/A   A   G6/A
                          'Cept the look.   The look.

                    F5   C   Cadd9 C
                    Oh, you know where.

                    (C)   F5   C   E   G
                       Now I   can't see, I just stare.____

Chorus 2

                    D   A
                    I'm still alive.

                         E   G D   A
                    Oh, I . . . oh, I'm still alive.

                         E   G D   A
                    Hey, I . . . oh, I'm still alive.

                         E   G D   A
                    Hey, I . . . oh, I'm still alive, hey, oh.

                                                                   x4
Instrumental 1 ‖: B | B | F♯ | F♯   :‖

                    A Asus2 D   A   Asus2 D
                             "Is something wrong?" she said.

                              A   Asus2 D
                    Of course there is.

                                  A   Asus2 D
                    "You're still alive," she said.

                                  B*   Bsus2
                    Oh, and do I deserve to be?

                    E   B*   Bsus2 E
                       Is that the question?

                         B* Bsus2 E   B*   Bsus2
                    And if so, if   so, who answers?

                         E
                    Who answers?

Chorus 3

                    E   G D   A
                    I . . . oh, I'm still alive.

                         E   G D   A
                    Hey, I . . . oh, I'm still alive.

                         E   G D   A
                    Hey, I . . . oh, I'm still alive.

                         E   G   D   A
                    Hey, I . . . oh, I'm still alive,   yeah, yeah, yeah, yeah, yeah, yeah.

                                                    x18
Instrumental 2 ‖: E | G | D | A   :‖ E   ‖

All I Wanna Do

Words & Music by Sheryl Crow, Bill Bottrell,
David Baerwald, Kevin Gilbert & Wyn Cooper

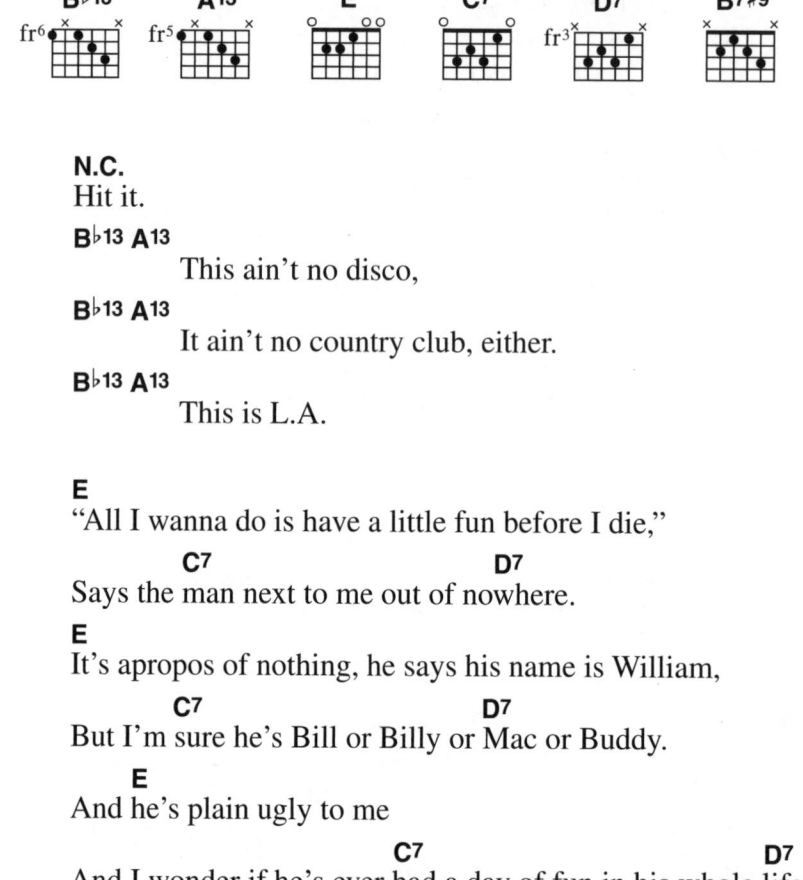

Intro

N.C.
Hit it.

B♭13 A13
    This ain't no disco,

B♭13 A13
    It ain't no country club, either.

B♭13 A13
    This is L.A.

Verse 1

E
"All I wanna do is have a little fun before I die,"
    C7   D7
Says the man next to me out of nowhere.

E
It's apropos of nothing, he says his name is William,
    C7   D7
But I'm sure he's Bill or Billy or Mac or Buddy.

    E
And he's plain ugly to me

             C7   D7
And I wonder if he's ever had a day of fun in his whole life.
E
   We are drinking beer at noon on Tuesday
  C7   D7
In a bar that faces a giant car wash.
E
   And the good people of the world are washing their cars

On their lunch break,
C7   D7
   Hosing and scrubbing as best they can in skirts and suits.

Bridge 1

B♭13 A13
                                                             B♭13   A13
They drive their shiny Datsuns and Buicks

                                                      B♭13   A13
Back to the phone company and the record store too.

Well, they're nothing like Billy and me, 'cause . . .

Chorus 1

                            E
All I wanna do is have some fun,

        C7   D7
I gotta feeling I'm not the only one.

                            E
All I wanna do is have some fun,

        C7   D7
I gotta feeling I'm not the only one.

                            E
All I wanna do is have some fun,

        C7   B7♯9   E
Until the sun comes up over Santa Monica Boulevard.

Link 1

| (E) | E | C7 | D7 |

Verse 2

E
   I like a good beer buzz early in the morning

       C7   D7
And Bill likes to peel the labels from his bottles of Bud.

E
   He shreds them on the bar,

                                      C7
Then he lights every match in an oversized pack

        D7   E
Letting each one burn down to his thick fingers

                       C7
Before blowing and cursing them out.

                       D7
And he's watching the bottles of Bud as they spin on the floor.

Bridge 2

B♭13 A13
                 And a happy couple enters the bar

B♭13 A13
                 Dangerously close to one another.

B♭13 A13
                 And the bartender looks up from his want ads but . . .

Chorus 2   As Chorus 1

Link 2   ‖: **E** | **E** | **C7** | **D7** :‖

Bridge 3

B♭13 A13
     Otherwise the bar is ours,

B♭13 A13   **B♭13 A13**
    And the day and the night and the car wash too.

                                B♭13   **A13**
And the matches and the Buds and the clean and dirty cars,

A13
   The sun and the moon but . . .

Chorus 3

        E
All I wanna do is have some fun,

    C7   **D7**
I gotta feeling I'm not the only one.

        E
All I wanna do is have some fun,

    C7   **D7**
I gotta feeling I'm not the only one.

        E
All I wanna do is have some fun,

    C7   **D7**
I got a feeling the party has just begun,

        E
All I wanna do is have some fun,

    C7   **D7**
I wanna tell you that you're the only one.

        E
All I wanna do is have some fun,

    C7   **D7**   **E**
Until the sun comes up over Santa Monica Boulevard,

    C7   **B7♯9**   **E**
Until the sun comes up over Santa Monica Boulevard.

Outro   ‖: **E** | **E** | **C7** | **D7** :‖

        | **E** | **E** | **C7** | **B7♯9** | **E** ‖

Beautiful Stranger

Words & Music by
Madonna & William Orbit

E   B   F#   A   C#13sus4   C#7   C#7sus4   F#sus4

Intro

| E   B | F#   A | C#13sus4 | C#7 | |

| C#13sus4 | C#7 | C#13sus4 | C#7 ||

Verse 1

    C#7   C#13sus4
Haven't we met?

    C#7   C#13sus4   C#7
    You're some kind of beautiful stranger.

               C#13sus4
You could be good for me,

    C#7   C#13sus4   C#7
    I've had the taste for danger.

    C#13sus4   C#7
    If I'm smart then I'll run away,

    C#13sus4   C#7
    But I'm not so I guess I'll stay.

             C#13sus4
Heaven forbid,

    C#7   C#13sus4   C#7
    I'll take my chance on a beautiful stranger.

Link 1

    B   A
    I looked into your eyes

      C#7sus4   C#7
And my world came tumbling down.

    B   A
    You're the devil in disguise,

        C#7sus4   C#7
That's why I'm singing this song.

Bridge 1

F♯   F♯**sus4** F♯ E B
 To know you   is to love you,

C♯7**sus4**   C♯7
 You're everywhere I go.

C♯7**sus4**   C♯7
 And everybody knows

F♯   F♯**sus4** F♯ E   B
 To love you   is to be part of you.

C♯7**sus4**   C♯7
 I've paid for you with tears

C♯7**sus4**   C♯7
 And swallowed all my pride.

Chorus 1

   E   B
 Da da da dum da dum da dum,

F♯ A   C♯7**sus4**
Da da da da dum,

     C♯7
Beautiful stranger.

   E   B
 Da da da dum da dum da dum,

F♯ A   C♯7
Da da da da dum,

       | C♯13**sus4** | C♯7 |
Beautiful stranger.

Verse 2

C♯13**sus4**   C♯7
 If I'm smart then I'll run away,

C♯13**sus4**   C♯7
 But I'm not so I guess I'll stay.

     C♯13**sus4**
Haven't you heard?

C♯7   C♯13**sus4** C♯7
 I fell in love with a beautiful stranger.

Link 2

B   A
 I looked into your face,

     C♯7**sus4**   C♯7
My heart was dancing all over the place,

B   A
 I'd like to change my point of view,

     C♯7**sus4**   C♯7
If I could just forget about you.

Bridge 2

F♯   F♯sus4 F♯ E   B
To know you   is to love you,

C♯7sus4   C♯7
You're everywhere I go

C♯7sus4   C♯7
And everybody knows.

Link 3

B   A
I looked into your eyes

           C♯7sus4   C♯7
And my world came tumbling down.

B   A
You're the devil in disguise,

           C♯7sus4   C♯7
That's why I'm singing this song to you.

Bridge 3

F♯   F♯sus4 F♯ E   B
To know you   is to love you,

C♯7sus4   C♯7
You're everywhere I go

C♯7sus4   C♯7
And everybody knows

C♯7sus4   C♯7
I've paid for you with tears

C♯7sus4   C♯7
And swallowed all my pride.

Chorus 2

E   B
Da da da dum da dum da dum,

F♯   A   C♯7sus4
Da da da da dum,

        C♯7
Beautiful stranger.

E   B
Da da da dum da dum da dum,

F♯   A   C♯7
Da da da da dum,

Beautiful stranger.

Outro   ‖: C♯7 C♯7sus4 | C♯7 C♯7sus4 :‖   *Repeat to fade*

Angels

Words & Music by
Robbie Williams & Guy Chambers

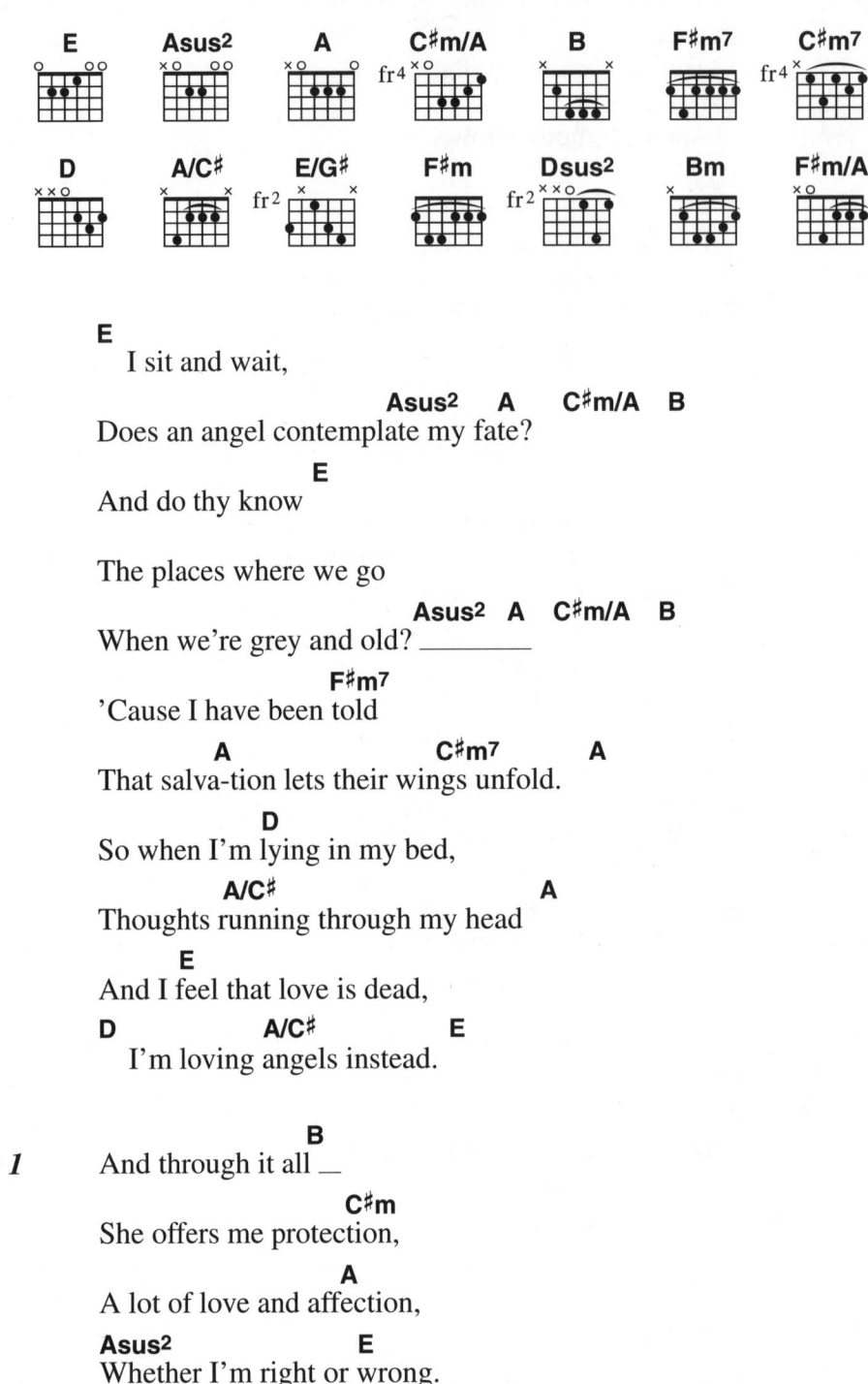

Verse 1

    E
    I sit and wait,

                 Asus2   **A**   **C♯m/A** **B**
Does an angel contemplate my fate?

           E
And do thy know

The places where we go

              Asus2   **A**   **C♯m/A** **B**
When we're grey and old? _____

         F♯m7
'Cause I have been told

       A   **C♯m7**   **A**
That salva-tion lets their wings unfold.

         D
So when I'm lying in my bed,

         A/C♯   **A**
Thoughts running through my head

       E
And I feel that love is dead,

D   **A/C♯**   **E**
   I'm loving angels instead.

Chorus 1

              B
And through it all __

              C♯m
She offers me protection,

             A
A lot of love and affection,

Asus2   **E**
Whether I'm right or wrong.

                                               B
cont.   And down the waterfall, __
                                       C♯m
                   Wherever it may take me,

                                            A
                   I know that life won't break me,
                   Asus²   **E/G♯**
                   When I come to call.
                                   F♯m
                   She won't forsake me,
                   Dsus²   **A/C♯**   **E**
                      I'm loving angels instead.

                   (E)
Verse 2   When I'm feeling weak,

                                         Asus²   **A   C♯m/A   B**
                   And my pain walks down a one way street,
                               E
                   I look above

                                           Asus²   **A   C♯m/A   B**
                   And I know I'll always be blessed   with love.
                       D
                   And as the feeling grows,
                            A/C♯   **A**
                   She brings flesh to my bones,
                      E
                   And when love is dead,
                   Dsus²   **A/C♯**   **E**
                      I'm loving angels instead.

Chorus 2   As Chorus 1

Guitar solo   ‖: **Bm** | **F♯m/A** | **E** | **E**   :‖   *Play 3 times*

                   | **Bm** | **F♯m/A** | **E/G♯**   ‖

Chorus 3   As Chorus 1

Back For Good

Words & Music by
Gary Barlow

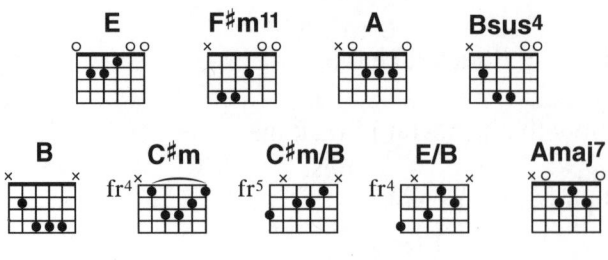

Capo first fret

Intro ‖: E | F#m11 | A | Bsus4 B :‖ B | B ‖

Verse 1

E F#m11   A B   E
I guess now it's time   for me to give up,

F#m11   A   B
I feel it's time.

      E   F#m11
Got a picture of you beside me,

       A   B   E F#m11 A Bsus4
Got your lipstick mark still on your coffee cup,   oh, yeah.

B   E   F#m11
  Got a fist of pure emotion,

     A   B
Got a head of shattered dreams,

    C#m   C#m/B E/B A   Bsus4   B
Gotta leave it, gotta leave it all behind now.

Chorus 1

     E   F#m11   A
Whatever I said, whatever I did I didn't mean it,

    B   E   F#m11 A   Bsus4 B
I just want you back for good.

     E   F#m11   A
Whenever I'm wrong just tell me the song and I'll sing it,

      B   E F#m11
You'll be right and understood.

 A   Bsus4 B
I want you back for good.

Verse 2

```
E           F♯m11      A   B                  E
    Unaware    but underlined   I figured out the story.
F♯m11        A        B
    It wasn't good.
            E              F♯m11   A   B
But in a corner of my mind
                E
I celebrated glory,
F♯m11    A            Bsus4   B
But that was not to be.
            E              F♯m11       A              B
In the twist of separation you excelled at being free,
            C♯m          C♯m/B  E/B     A     Bsus4  B
Can't you find a little room  inside for me?
```

Chorus 2

```
            E              F♯m11            A
Whatever I said, whatever I did I didn't mean it,
        B             E    F♯m11
I just want you back for good.
(F♯m11)      A                   Bsus4    B
    You see I want you back for good.
            E                F♯m11                    A
Whenever I'm wrong just tell me the song and I'll sing it,
        B             E    F♯m11
You'll be right and understood.
    A                Bsus4   B
I want you back for good.
```

Middle

```
Amaj7            E
    And we'll be together,
Amaj7              E
    This time it's forever.
Amaj7                        E
    We'll be fighting and forever we will be
        C♯m        C♯m/B
So complete in our love.
        Amaj7    E         B     Bsus4   B
We will never be uncovered again.
```

Chorus 3   As Chorus 1 with ad lib vocals

Chorus 4   As Chorus 1 with ad lib vocals

```
E F♯m11     A      Bsus4   B
        Oh, yeah
E   F♯m11         A          Bsus4    B        E
    I guess now it's time that you came back for good.
```

15

Black Hole Sun

Words & Music by
Chris Cornell

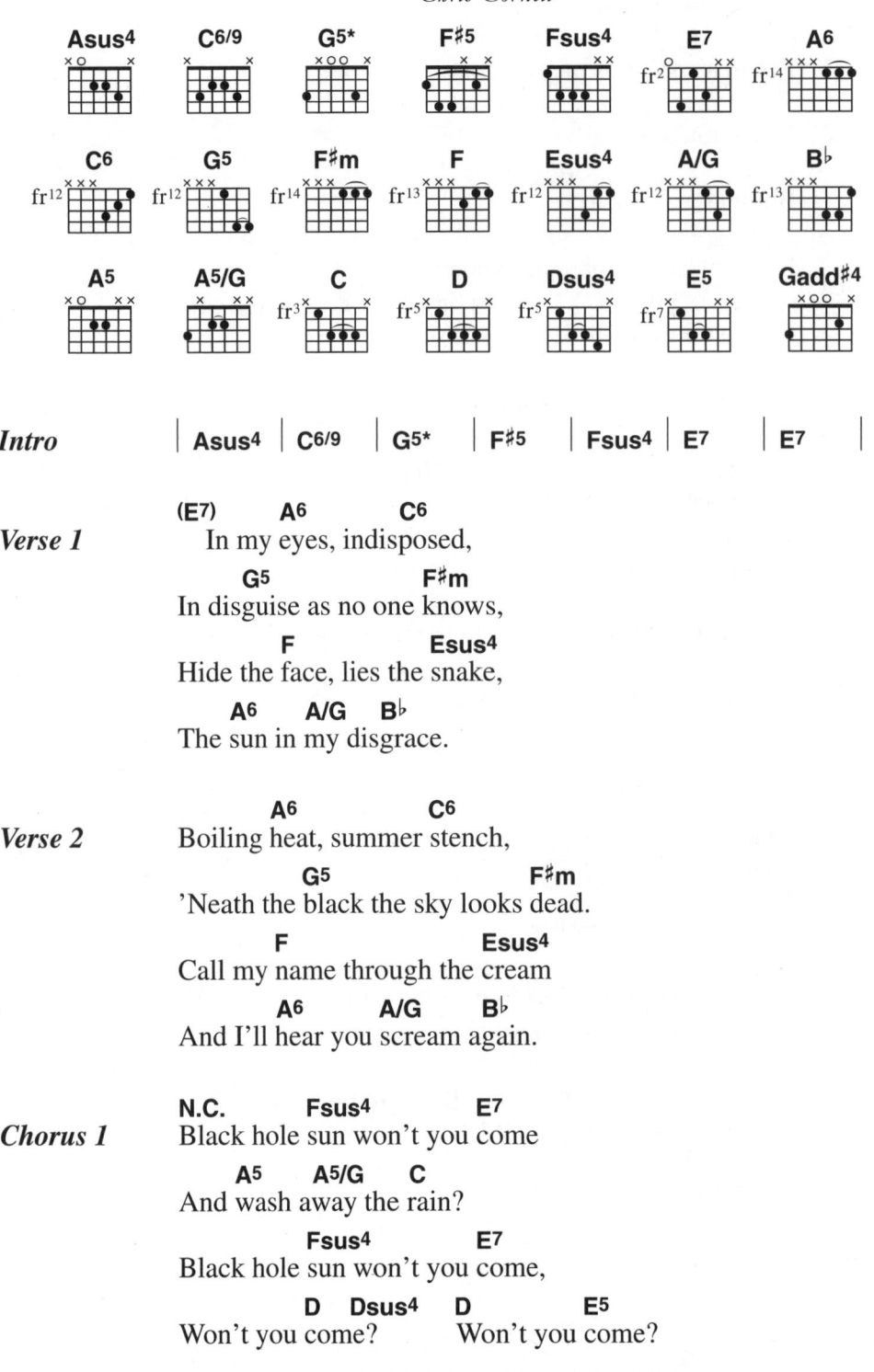

Intro | Asus4 | C6/9 | G5* | F#5 | Fsus4 | E7 | E7 |

Verse 1

(E7) A6 C6
In my eyes, indisposed,

G5 F#m
In disguise as no one knows,

F Esus4
Hide the face, lies the snake,

A6 A/G B♭
The sun in my disgrace.

Verse 2

A6 C6
Boiling heat, summer stench,

G5 F#m
'Neath the black the sky looks dead.

F Esus4
Call my name through the cream

A6 A/G B♭
And I'll hear you scream again.

Chorus 1

N.C. Fsus4 E7
Black hole sun won't you come

A5 A5/G C
And wash away the rain?

Fsus4 E7
Black hole sun won't you come,

D Dsus4 D E5
Won't you come? Won't you come?

Verse 3

     A6   **C6**
Stuttering, cold and damp,

      G5   **F♯m**
Steal the warm wind, tired friend.

      F   **Esus4**
Times are gone for honest men

        A6 **A/G** **B♭**
And sometimes far too long for snakes.

Verse 4

     A6   **C6**
In my shoes, a walking sleep,

      G5   **F♯m**
And my youth I pray to keep.

      F   **Esus4**
Heaven send hell away,

     A6   **A/G** **B♭**
No-one sings like you anymore.

Chorus 2

 N.C.   **Fsus4**   **E7**
Black hole sun won't you come

   A5 **A5/G** **C**
And wash away the rain?

     Fsus4   **E7**
Black hole sun won't you come,

     D **Dsus4 D** **C**
Won't you come?

     Fsus4   **E7**
Black hole sun won't you come

   A5 **A5/G** **C**
And wash away the rain?

     Fsus4   **E7**
Black hole sun won't you come,

    D **Dsus4 D C E5**   **D** **Dsus4 D C E5**
Won't you come?_____ Won't you come?_____

    D **Dsus4 D C E5**   **D** **Dsus4 D C E5**
Won't you come?_____ Won't you come?_____

         x6

Instrumental ‖: **E5** | **Gadd♯4** :‖ **G5*** **A5** |

Link

     A6   **C6**
Hang my head, drown my fear

      G5   **F♯m**
'Til you all just disappear.

Chorus 3

N.C.   **Fsus4**   **E7**
Black hole sun won't you come

    A5   **A5/G**   **C**
And wash away the rain?

        Fsus4   **E7**
Black hole sun won't you come,

      D **Dsus4** **D** **C**
Won't you come?

        Fsus4   **E7**
Black hole sun won't you come

    A5   **A5/G**   **C**
And wash away the rain?

        Fsus4   **E7**
Black hole sun won't you come,

      D **Dsus4** **D** **C** **E5**   **D** **Dsus4** **D** **C** **E5**
Won't you come? _____   Won't you come? _____

      D **Dsus4** **D** **C** **E5**   **D** **Dsus4** **D** **C** **E5**
Won't you come? _____   Won't you come? _____

      D **Dsus4** **D** **C** **E5**   **D** **Dsus4** **D** **C** **E5**
Won't you come? _____   Won't you come? _____

      D **Dsus4** **D** **C** **E5**   **D** **Dsus4** **D** **C** **E5**
Won't you come? _____   Won't you come? _____

| **E5** | **Gadd♯4** | **G5***   **A5** ‖

Brimful Of Asha

Words & Music by
Tjinder Singh

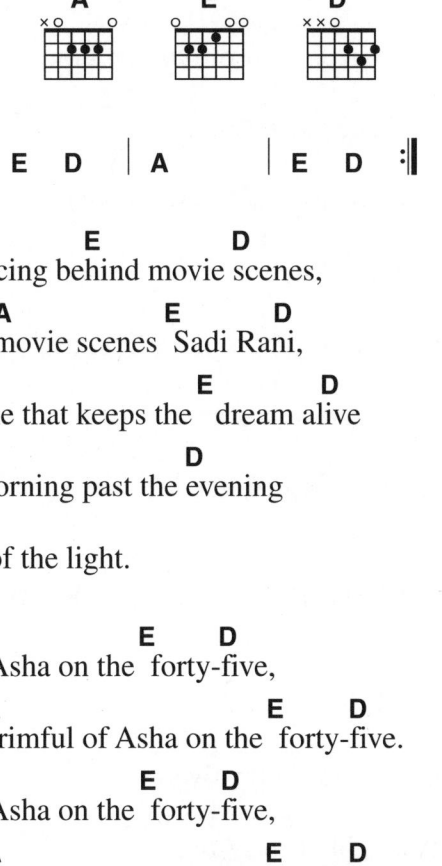

Intro

‖: A | E D | A | E D :‖

Verse 1

      A   E   D
There's dancing behind movie scenes,

           A   E   D
Behind the movie scenes Sadi Rani,

A   E   D
She's the one that keeps the   dream alive

           A   D
From the morning past the evening

         A
To the end of the light.

Chorus 1

    (A)   E   D
Brimful of Asha on the forty-five,

         A   E   D
Well it's a brimful of Asha on the forty-five.

A   E   D
Brimful of Asha on the forty-five,

         A   E   D
Well it's a brimful of Asha on the forty-five.

Link

‖: A | E D | A | E D :‖

Verse 2

     A   E   D
And singing, illuminate the main streets

          A   E D
And the cinema aisles,

A   E   D
We don't care about no government warnings

         A   D
'Bout their promotion of the simple life

      A
And the dams they're building.

Chorus 2   As Chorus 1

Bridge 1
     A   D
Everybody needs a bosom for a pillow,
     A   D
Everybody needs a bosom.
     A   D
Everybody needs a bosom for a pillow,
     A   D
Everybody needs a bosom.
     A   D
Everybody needs a bosom for a pillow,
     A   D
Everybody needs a bosom.

Mine's on the forty-(five.)

Link   ‖: A | E D | A | E D :‖
     five.

Verse 3
     A   E   D
Mohamid Rufi. (Forty-five.)
     A   E   D
Lata Mangeskar. (Forty-five.)
     A   E   D
Solid state radio. (Forty-five.)
     A   E   D
Ferguson mono. (Forty-five.)
     A   E   D
Bon Publeek. (Forty-five.)
     A   D
Jacques Dutronc and the Bolan Boogie,
       A   D
The Heavy Hitters and the chi-chi music,
     A   E   D
All India Radio. (Forty-five.)
     A   E   D
Two-in-ones. (Forty-five.)
     A   E   D
Argo records. (Forty-five.)
     A   E   D
Trojan records. (Forty-five.)

Chorus 3
```
A                   E   D
Brimful of Asha on the  forty-five,
        A                   E   D
Well it's a brimful of Asha on the  forty-five.
A                   E   D
Brimful of Asha on the  forty-five,
        A                   E   D
Well it's a brimful of Asha on the  forty-five.
```

Bridge 2
```
A                 D
Everybody needs a bosom for a pillow,
A                 D
Everybody needs a bosom.
A                 D
Everybody needs a bosom for a pillow,
A                 D
Everybody needs a bosom.
A                 D
Everybody needs a bosom for a pillow,
A                 D
Everybody needs a bosom.

Mine's on the forty-(five.).
```

Link
```
‖: A      | E  D | A      | E  D :‖
   five.
```

Verse 4
```
A                       E       D
Seventy-seven thousand piece orchestra set.
A
Everybody needs a bosom for a pillow,
E         D
Mine's on the r.p.m.
```

Chorus 4   As Chorus 3

Bridge 3   ‖: As Bridge 2 :‖ *Repeat to fade*

Black Velvet

Words & Music by
Christopher Ward & David Tyson

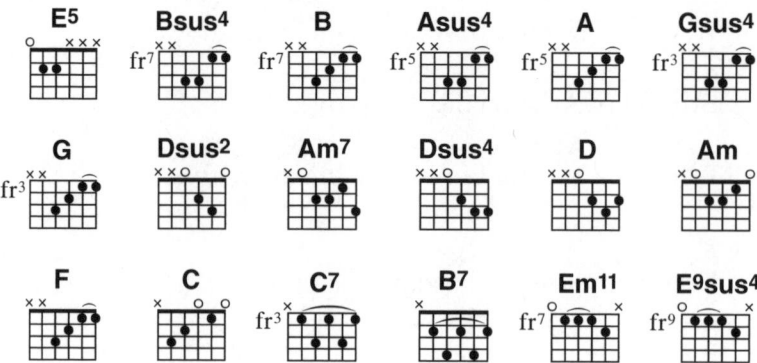

Tune guitar down a semitone

Intro ‖: E5 | E5 | E5 | E5 :‖

Verse 1

E5
   Mississippi in the middle of a dry spell.

Jimmy Rogers on the victrola up high.

Mama's dancin' with a baby on her shoulder.

The sun is settin' like molasses in the sky.

Bsus4   B   Asus4 A
   The boy could sing, knew how to move,   everything.

Gsus4   G   Dsus2
   Always wanting more,   he'd leave you longing for.

Chorus 1

Am7   Dsus4   D
   Black velvet and that little boy's smile.

Am7   F   C
   Black velvet with that slow southern style.

Am7   Dsus4   D
   A new religion that'll bring ya to your knees.

C7   B7   E5
   Black velvet if you please.

Verse 2

E5
Up in Memphis the music's like a heatwave.

White lightning, bound to drive you wild.

Mama's baby's in the heart of every school girl.

"Love me tender" leaves 'em cryin' in the aisle.
Bsus4   B   Asus4 A
The way he moved, it was a sin, so sweet and true.
Gsus4   G   Dsus2
Always wanting more,   he'd leave you longing for.

Chorus 2   As Chorus 1

Am   B7   E5
Every word of every song that he sang was for you.
Middle
Am   F   C   B7   Em11
In a flash he was gone, it happened so soon,   what could you do?

Solo   ‖: (Em11) | Em11 E9sus4 | Em11 | Em11 E9sus4 :‖

Chorus 3   As Chorus 1

Am7   Dsus4   D
Black velvet and that little boy's smile.
Chorus 4
Am7   F   C
Black velvet with that slow southern style.
Am7   Dsus4   D
A new religion that'll bring ya to your knees.
C7   B7   E9sus4 Em11 | Em11 E9sus4 |
Black velvet if you please.

‖: Em11 E9sus4 | E9sus4 Em11   :‖   *Repeat to fade*
If you please.

Blue Hotel

Words & Music by
Chris Isaak

Chord diagrams: B♭m (fr⁶), E♭ (fr⁶), E♭m (fr⁶), G♭maj7, F, G♭7, G♭

Intro

B♭m   E♭ E♭m
Blue Hotel,   on a lonely highway,
B♭m   E♭   E♭m
Blue Hotel,   life don't work out my way.

| B♭m | G♭maj7 F | B♭m | G♭maj7 F | B♭m | G♭maj7 F | B♭m | B♭m ‖

Verse 1

B♭m   E♭ E♭m
Blue Hotel,   on a lonely highway,
B♭m   E♭   E♭m
Blue Hotel,   life don't work out my way.
G♭7   F
I wait alone each lonely night.
        B♭m E♭ E♭m
Blue Hotel,
        B♭m E♭ E♭m
Blue Hotel.

Verse 2

B♭m   E♭   E♭m
Blue Hotel,   every room is lonely,
B♭m   E♭   E♭m
Blue Hotel,   I was waiting only.
G♭7   F
The night is like her lonely dream.
        B♭m E♭ E♭m
Blue Hotel,
        B♭m E♭ E♭m
Blue Hotel.

Instrumental

| B♭m | G♭ F | B♭m | G♭ F | B♭m | G♭ F |

‖: B♭m | B♭m | E♭ | E♭m :‖ G♭7 | G♭7 | F | F | F |

‖: B♭m | B♭m | E♭ | E♭m :‖

Verse 3

B♭m   E♭ E♭m
 Blue Hotel, on a lonely highway,

B♭m   E♭   E♭m
 Blue Hotel, life don't work out my way.

G♭7   F
 I wait alone each lonely night.

    B♭m E♭ E♭m
Blue Hotel,

    B♭m E♭ E♭m
Blue Hotel.

| B♭m | B♭m | E♭ | E♭m | B♭m | ‖ |

The Changingman

Words & Music by
Paul Weller & Brendan Lynch

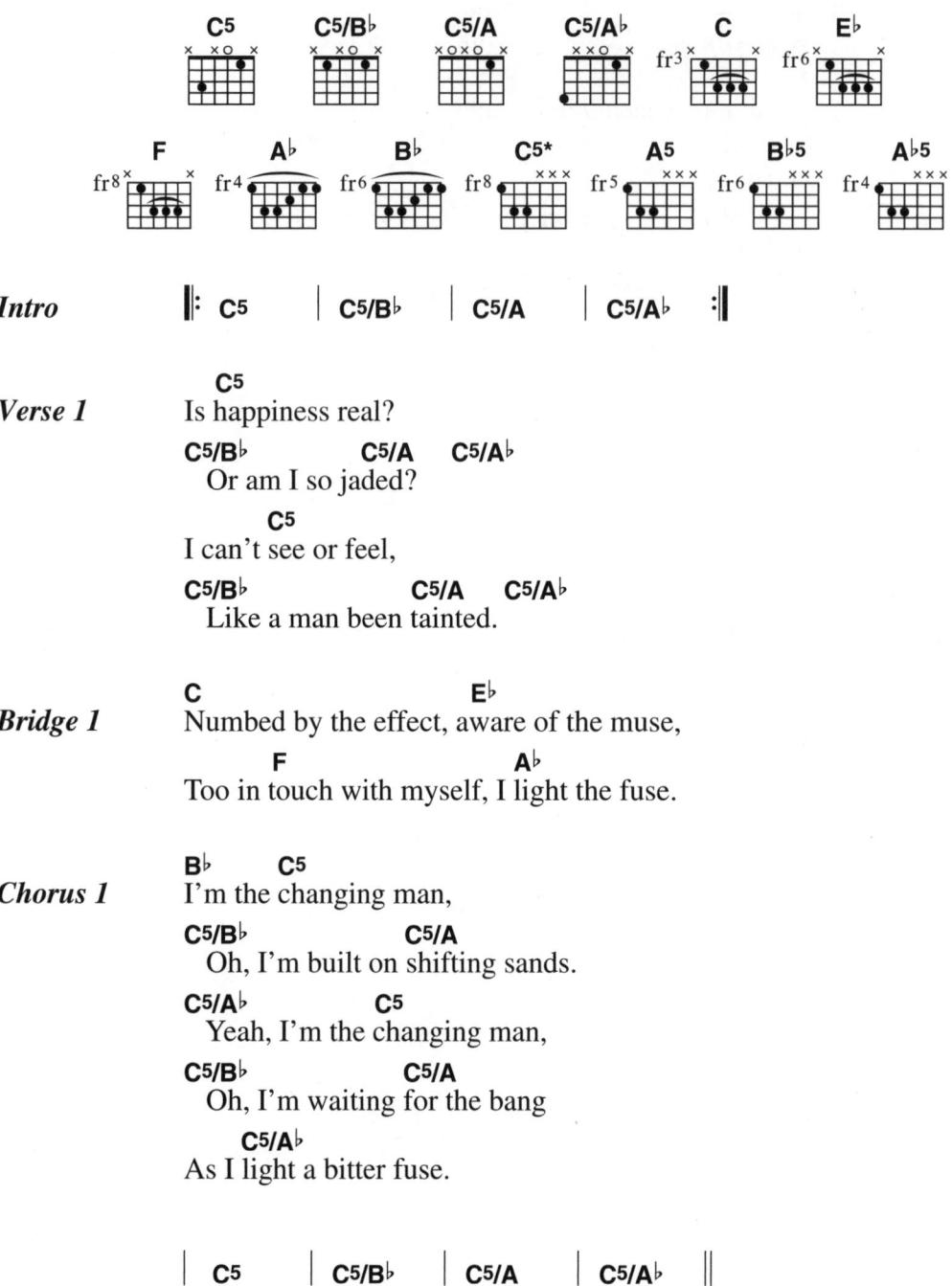

Intro   ‖: C5 | C5/B♭ | C5/A | C5/A♭ :‖

Verse 1
C5
Is happiness real?
C5/B♭   C5/A   C5/A♭
  Or am I so jaded?
     C5
I can't see or feel,
C5/B♭   C5/A   C5/A♭
  Like a man been tainted.

Bridge 1
C   E♭
Numbed by the effect, aware of the muse,
     F   A♭
Too in touch with myself, I light the fuse.

Chorus 1
B♭   C5
I'm the changing man,
C5/B♭   C5/A
  Oh, I'm built on shifting sands.
C5/A♭   C5
  Yeah, I'm the changing man,
C5/B♭   C5/A
  Oh, I'm waiting for the bang
    C5/A♭
As I light a bitter fuse.

| C5 | C5/B♭ | C5/A | C5/A♭ ‖

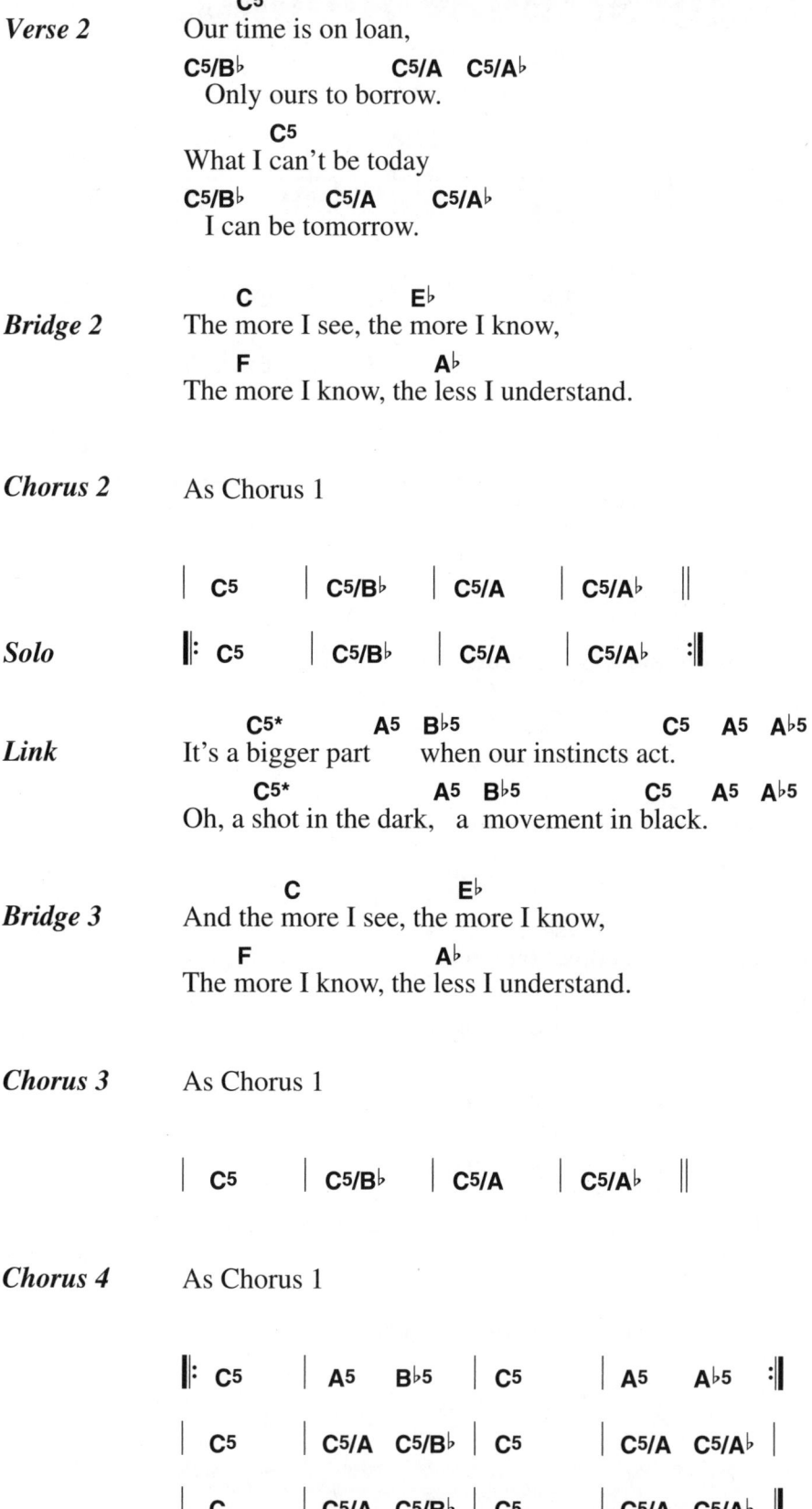

Verse 2

       C5
Our time is on loan,
C5/B♭   **C5/A**   **C5/A♭**
  Only ours to borrow.
       C5
What I can't be today
C5/B♭   **C5/A**   **C5/A♭**
  I can be tomorrow.

Bridge 2

     C   **E♭**
The more I see, the more I know,
     F   **A♭**
The more I know, the less I understand.

Chorus 2   As Chorus 1

| **C5** | **C5/B♭** | **C5/A** | **C5/A♭** ‖

Solo ‖: **C5** | **C5/B♭** | **C5/A** | **C5/A♭** :‖

Link

       C5*   **A5** **B♭5**   **C5** **A5** **A♭5**
It's a bigger part   when our instincts act.
       C5*   **A5** **B♭5**   **C5** **A5** **A♭5**
Oh, a shot in the dark, a movement in black.

Bridge 3

      C   **E♭**
And the more I see, the more I know,
     F   **A♭**
The more I know, the less I understand.

Chorus 3   As Chorus 1

| **C5** | **C5/B♭** | **C5/A** | **C5/A♭** ‖

Chorus 4   As Chorus 1

‖: **C5** | **A5** **B♭5** | **C5** | **A5** **A♭5** :‖

| **C5** | **C5/A C5/B♭** | **C5** | **C5/A C5/A♭** |

| **C** | **C5/A C5/B♭** | **C5** | **C5/A C5/A♭** ‖

Cigarettes & Alcohol

Words & Music by
Noel Gallagher

Chord diagrams: E5 F♯ A5 F♯7add11 Dsus2 A Cadd9 B7

Intro

| E5 | E5 | E5 | E5 | E5 | E5 |

| F♯ | A5 | E5 | E5 | E5 | E5 ‖

Verse 1

E5
Is it my imagination
       F♯7add11   A5   E5 | E5 | E5 | E5
Or have I finally found something worth living for?
    E5
I was looking for some action
   F♯7add11   A5   E5 | E5 | E5 | E5 ‖
But all I found was cigarettes and alcohol.

Bridge 1

A5   E5
You could wait for a lifetime
A5   E5
To spend your days in the sunshine,
A5   E5
You might as well do the white-line.
       Dsus2   A
'Cause when it comes on top:

Chorus 1

             E5 Dsus2
You gotta make it happen,
      A   E5 Dsus2
You gotta make it happen,
      A   E5 Dsus2
You gotta make it happen,
      A   E5 | Dsus2 A | Cadd9 | B7 ‖
You gotta make it happen.

Instrumental

| E5 | E5 | E5 | E5 | E5 | E5 |

| F♯ | A5 | E5 | E5 | E5 | E5 ‖

Verse 2

E5
Is it worth the aggravation

F#7add11
To find yourself a job

      A5   E5 | E5 | E5 | E5 |
When there' nothing worth working for?

E5
It's a crazy situation,

F#7add11   A5   E5 | E5 | E5 | E5   ‖
But all I need are cigarettes and alcohol.

Bridge 2   As Bridge 1

Chorus 2   As Chorus 1

Instrumental ‖: E5 | Dsus2 A | E5 | Dsus2 A :‖

E5   Dsus2   A
You gotta, you gotta, you gotta make it,
E5   Dsus2   A
You gotta, you gotta, you gotta fake it.
E5   Dsus2   A
You gotta, you gotta, you gotta make it,
E5   Dsus2   A
You gotta, you gotta, you gotta fake it.

Play 4 times

Guitar solo ‖: E5 | Dsus2 A | E5 | Dsus2 A :‖ E5   ‖

Constant Craving

Words & Music by
k.d. lang & Ben Mink

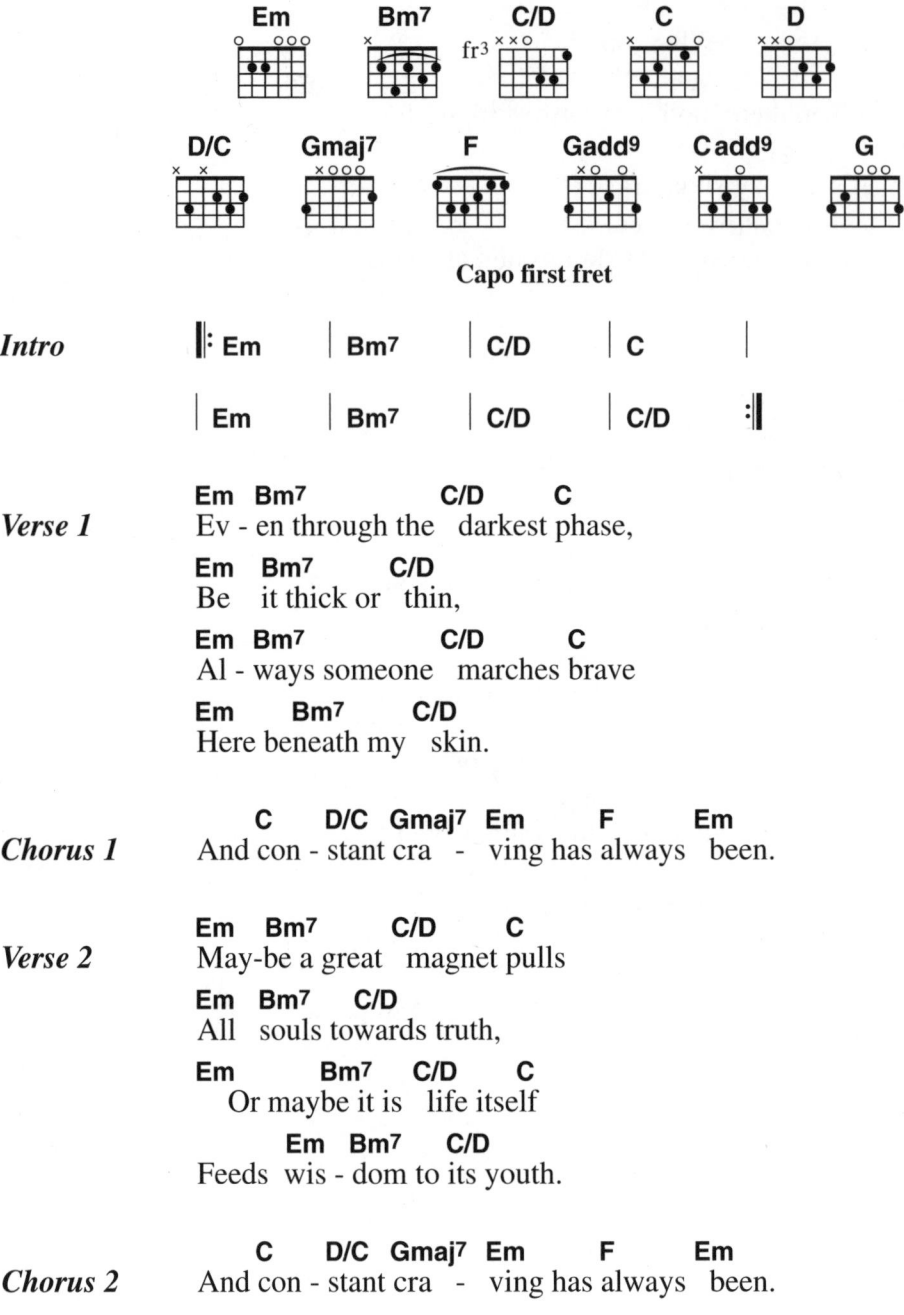

Capo first fret

Intro

‖: Em | Bm7 | C/D | C |

| Em | Bm7 | C/D | C/D :‖

Verse 1

Em Bm7　　　C/D　　C
Ev - en through the　darkest phase,

Em Bm7　　C/D
Be　it thick or　thin,

Em Bm7　　　　C/D　　　C
Al - ways someone　marches brave

Em　　Bm7　　C/D
Here beneath my　skin.

Chorus 1

　　　　C　　D/C Gmaj7 Em　　　F　　Em
And con - stant cra　-　ving has always　been.

Verse 2

Em Bm7　　C/D　　　C
May-be a great　magnet pulls

Em Bm7　　C/D
All　souls towards truth,

Em　　　Bm7　C/D　　C
　Or maybe it is　life itself

　　　　　Em Bm7　　C/D
Feeds wis - dom to its youth.

Chorus 2

　　　　C　　D/C Gmaj7 Em　　　F　　　Em
And con - stant cra　-　ving has always　been.

Bridge

Gadd⁹ Cadd⁹
Cra - ving,

  G   Gadd⁹ D/C C
Ah-hah constant   cra - ving

    D   Cadd⁹   D Cadd⁹
Has always been, has al - ways been.

Guitar solo ‖: Em | Bm⁷ | C/D | C |

| Em | Bm⁷ | C/D | C/D   :‖

Chorus 3

C   D/C Gmaj⁷ Em   F   Em
Con - stant cra - ving has always been.
C   D/C Gmaj⁷ Em   F   G
Con - stant cra - ving has always been.

Coda

Gadd⁹ Cadd⁹
Cra - ving,

  G   Gadd⁹ D/C C
Ah-hah constant   cra - ving

    D   Cadd⁹   D   Cadd⁹
‖: Has always __ been, has always __ been. :‖ *Repeat to fade*

Cream

Words & Music by
Prince

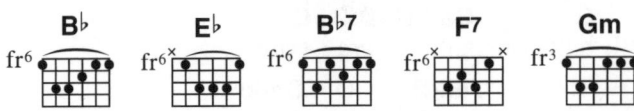

Intro   4 bars drums ‖: B♭ | E♭ | B♭ | B♭   :‖

Verse 1

B♭
 This is it,
 E♭   B♭
It's time for u to go to the wire.

U will hit,
E♭   B♭
Cuz u got the burnin' desire.

It's your time, (Time)
 E♭   B♭
U got the horn so why don't u blow it.

U are fine, (Fine)
  E♭   B♭
U're filthy cute and baby u know it.

Chorus 1

B♭7 F7
Cream, get on top,
B♭7 F7
Cream, u will cop,
B♭7 F7
Cream, don't u stop
E♭   Gm B♭7
Cream, sh-boogie bop.

Verse 2

    B♭
U're so good,
E♭   B♭
Baby there ain't nobody better (Ain't nobody better).

So u should

	E♭ B♭
cont.	Never, ever go by the letter. (Never ever)

U're so cool, (Cool)
E♭   B♭
Everything u do is success.

Make the rules, (Rules)
          E♭
Then break them all cuz u are the best.

Yes u are.

Chorus 2   As Chorus 1

N.C.
　　Look up in the air, it's your tower.

Instrumental |B♭ |B♭ |B♭ |E♭ |B♭ |

B♭
Verse 3   Do your dance,
E♭   B♭
Why should u wait any longer?

Take your chance,
E♭   B♭
It could only make u stronger.

It's your time, (Time)
      E♭   B♭
U got the horn so why don't u blow it.

U're so fine, (Fine)
          E♭   B♭
U're filthy cute and baby u know it.

Chorus 3   As Chorus 1

N.C.
Cream, cream.
E♭   Gm   B♭7
Cream, sh-boogie bop.

Chorus 4   ‖: As Chorus 1 w/ad lib vocals :‖   *Repeat to fade*

A Design For Life

Words & Music by
Nicky Wire, James Dean Bradfield & Sean Moore

Intro | Cmaj⁷ | Cmaj⁷   ‖

Verse 1

Cmaj⁷
Lib'ries gave us power,

Dm⁹
Then work came and made us free.

G⁷
What price now

E♭maj⁷   **Dm7♭5**   **Cmaj⁷**
For a shallow piece of dignity?

Verse 2

   Cmaj⁷
I wish I had a bottle

Dm⁹
Right here in my dirty face,

G⁷
To wear the scars

E♭maj⁷   **Dm7♭5**   **Cmaj⁷**
To show from where I came.

Chorus 1

Dm   C/D   Dm   G
  We don't talk about love,

Dm   C/D   Dm   G
  We only want to get drunk,

Em   **Am**   **Am⁷**
  And we are not allowed to spend,

 F   **C/F**   **F**   **Fmaj⁷**
As we are told that this is the end.

Am add⁹   F
A design for life,

Am add⁹   F
A design for life,

Am add⁹   F
A design for life,

Fsus²   Cmaj⁷
A design for life.

Cmaj⁷
Verse 3   I wish I had a bottle

Dm⁹
Right here in my pretty face,

G⁷
To wear the scars

E♭maj⁷   Dm⁷♭5   Cmaj⁷
To show from where I came.

Chorus 2   As Chorus 1

Instrumental | **Cmaj⁷** | **Cmaj⁷** | **Dm⁹** | **Dm⁹** | **G⁷** |

| **G⁷** | **E♭maj⁷** | **Dm⁷♭5** | **Cmaj⁷** | **Cmaj⁷** ||

Dm   C/D   Dm   G
Chorus 3   We don't talk about love,

Dm   C/D   Dm   G
   We only want to get drunk,

Em   Am   Am⁷
   And we are not allowed to spend,

**   F   C/F   F   Fmaj⁷**
As we are told that this is the end.

Am add⁹   F
A design for life,

Am add⁹   F
A design for life,

Am add⁹   F
A design for life,

Fsus²   N.C.
A design for life… *Drums to end.*

The Day We Caught The Train

Words & Music by
Steve Cradock, Simon Fowler, Oscar Harrison & Damon Minchella

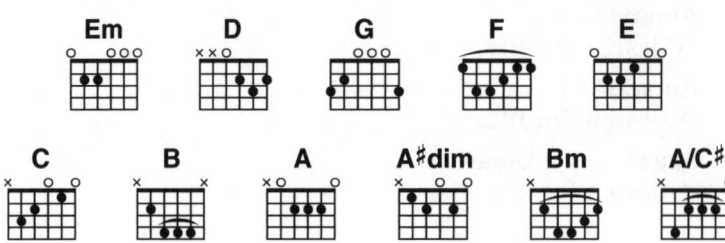

Verse 1

> Em   D
> Never saw it as the start,
>
>   G
> It's more a change of heart.
>
> F
> Rapping on the windows,
>
>   E
> Whistling down the chimney pot,
>
> G   D
> Blowing off the dust in the room where I forgot
>
>   C   B
> I laid my plans in solid rock.
>
> Em
> Stepping through the door like a troubadour,
>
>   A
> Whiling just an hour away,
>
> Em
> Looking at the trees on the roadside,
>
>   A
> Feeling it's a holiday.

Pre-chorus 1

> D   A#dim
> You and I should ride the coast
>
>   Bm   A/C#   Em
> And wind up in our fav'rite coats just miles away.
>
> G
>   Roll a number,
>
>   A
> Write another song like Jimmy heard
>
>   D
> The day he caught the train.

Chorus 1

```
       D     A        G
        Oh __ la la, __
         Em        D
       Oh __ la la, __
         A        G
       Oh __ la la, __
          Em
       Oh __ la.
```

Verse 2

```
       Em                        D
       He sipped another rum and coke
                   G
       And told a dirty joke.
       F
       Walking like Groucho,
                             E
       Sucking on a Number Ten.
       G                                        D
       Rolling on the floor with the cigarette burns walked in.
             C                B
       I'll miss the crush and I'm home again.
       Em
       Stepping through the door with the night in store,
                   A
       Whiling just an hour away,
       Em
       Step into the sky in the star bright
                   A
       Feeling it's a brighter day.
```

Pre-chorus 2

```
       D                A♯dim
       You and I should ride the coast
              Bm        A/C♯         Em
       And wind up in our fav'rite coats just miles away.
       G
          Roll a number,
                         A
       Write another song like Jimmy heard
                         D
       The day he caught the train.
```

Chorus 2

```
       D    A      G
        Oh __ la la, __
         Em       D
       Oh __ la la, __
         A        G
       Oh __ la la, __
          Em
       Oh __ la.
```

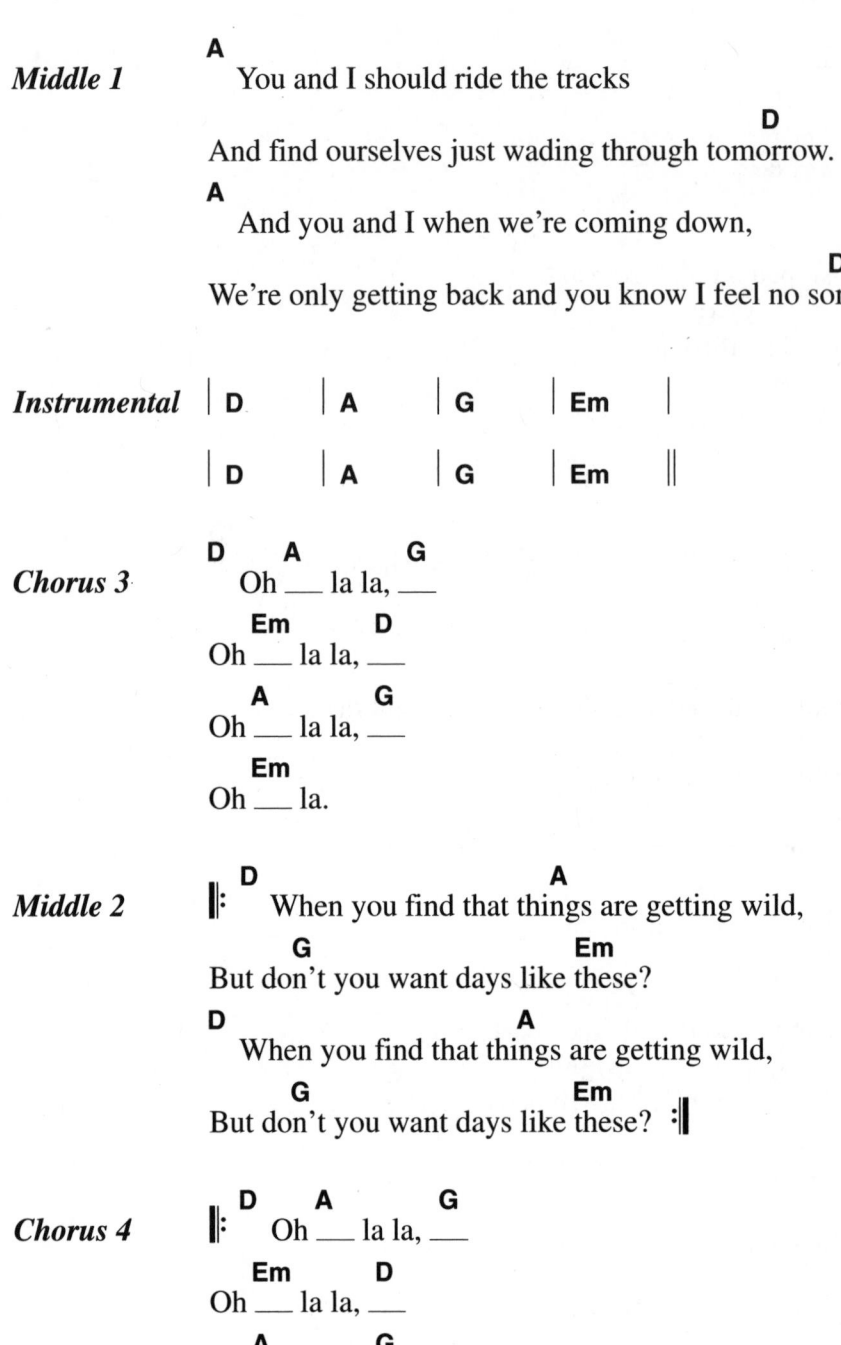

Middle 1

    A
    You and I should ride the tracks

                     D
    And find ourselves just wading through tomorrow.

    A
    And you and I when we're coming down,

                    D
    We're only getting back and you know I feel no sorrow.

Instrumental | **D** | **A** | **G** | **Em** |

        | **D** | **A** | **G** | **Em** ||

Chorus 3

    D   **A**   **G**
    Oh __ la la, __

    Em   **D**
  Oh __ la la, __

    A   **G**
  Oh __ la la, __

    Em
  Oh __ la.

Middle 2

    D   **A**
  ‖: When you find that things are getting wild,

      G   **Em**
  But don't you want days like these?

    D   **A**
  When you find that things are getting wild,

      G   **Em**
  But don't you want days like these? :‖

Chorus 4

    D   **A**   **G**
  ‖: Oh __ la la, __

    Em   **D**
  Oh __ la la, __

    A   **G**
  Oh __ la la, __

    Em
  Oh __ la. :‖ *Repeat to fade*

Disco 2000

Music by Pulp
Lyrics by Jarvis Cocker

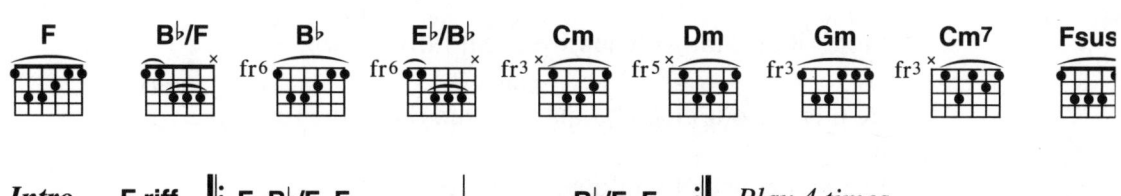

Intro   **F riff**   ‖: F Bb/F F | Bb/F F :‖   *Play 4 times*

Bb riff   ‖: Bb Eb/Bb Bb | Eb/Bb Bb :‖

Verse 1

         F riff
Oh, we were born within an hour of each other,

Our mothers said we could be sister and brother,

      Bb riff
Your name is De-bo-rah, Deborah,

It never suited ya.

     F riff
And they said that when we grew up,

We'd get married and never split up,

      Bb riff
Oh, we never did it,

Although I often thought of it.

Pre-chorus 1

               Cm
Oh, Deborah, do you recall?

Your house was very small,

With woodchip on the wall,

When I came round to call

             F
You didn't notice me at all.

	B♭
Chorus 1	And I said "Let's all meet up in the year two thousand,

B♭

Chorus 1   And I said "Let's all meet up in the year two thousand,

Dm   **Gm**

Won't it be strange when we're all fully grown,

                      Cm7   **Fsus4** **F**

Be there two o'clock by the fountain down the road."_____

B♭

I never knew that you'd get married,

Dm   **Gm**

I would be living down here on my own,

                    Cm7   **Fsus4** **F**

On that damp and lonely Thursday years ago. _____

F riff

Verse 2   You were the first girl at school to get breasts,

And Martyn said that you were the best,

                B♭ riff

Oh, the boys all loved you but I was a mess,

I had to watch them trying to get you undressed.

             F riff

We were friends, ____ that was how it went,

I used to walk you home sometimes but it meant,

              B♭ riff

Oh, it meant nothing to you

'Cause you were so popular.

Pre-chorus 2   As Pre-chorus 1

Chorus 2   As Chorus 1

Instrumental ‖: F B♭/F F | B♭/F F :‖

                  ‖: B♭ E♭/B♭ B♭ | E♭/B♭ B♭ :‖

Pre-chorus 3

                     Cm
Oh, Deborah, do you recall?

Your house was very small,

With woodchip on the wall,

When I came round to call

                 F
You didn't notice me at all.

Chorus 3

       B♭
And I said "Let's all meet up in the year two thousand,
Dm   **Gm**
Won't it be strange when we're all fully grown,
                    Cm⁷   **Fsus⁴ F**
Be there two o'clock by the fountain down the road."_____
B♭
I never knew that you'd get married,
Dm   **Gm**
I would be living down here on my own,
                 Cm⁷   **Fsus⁴ F**
On that damp and lonely Thursday years ago. _____

Outro

B♭
What are you doin' Sunday, baby?
Dm
Would you like to come and meet me, maybe?
Gm   **Cm⁷ Fsus⁴ F**
You can even bring your baby, ooh. _____
B♭
What are you doin' Sunday, baby?
Dm
Would you like to come and meet me, maybe?
Gm   **Cm⁷ Fsus⁴**   **F**   **B♭**
You can even bring your baby, ooh, _____ ooh. _____

Don't Speak

Words & Music by
Eric Stefani & Gwen Stefani

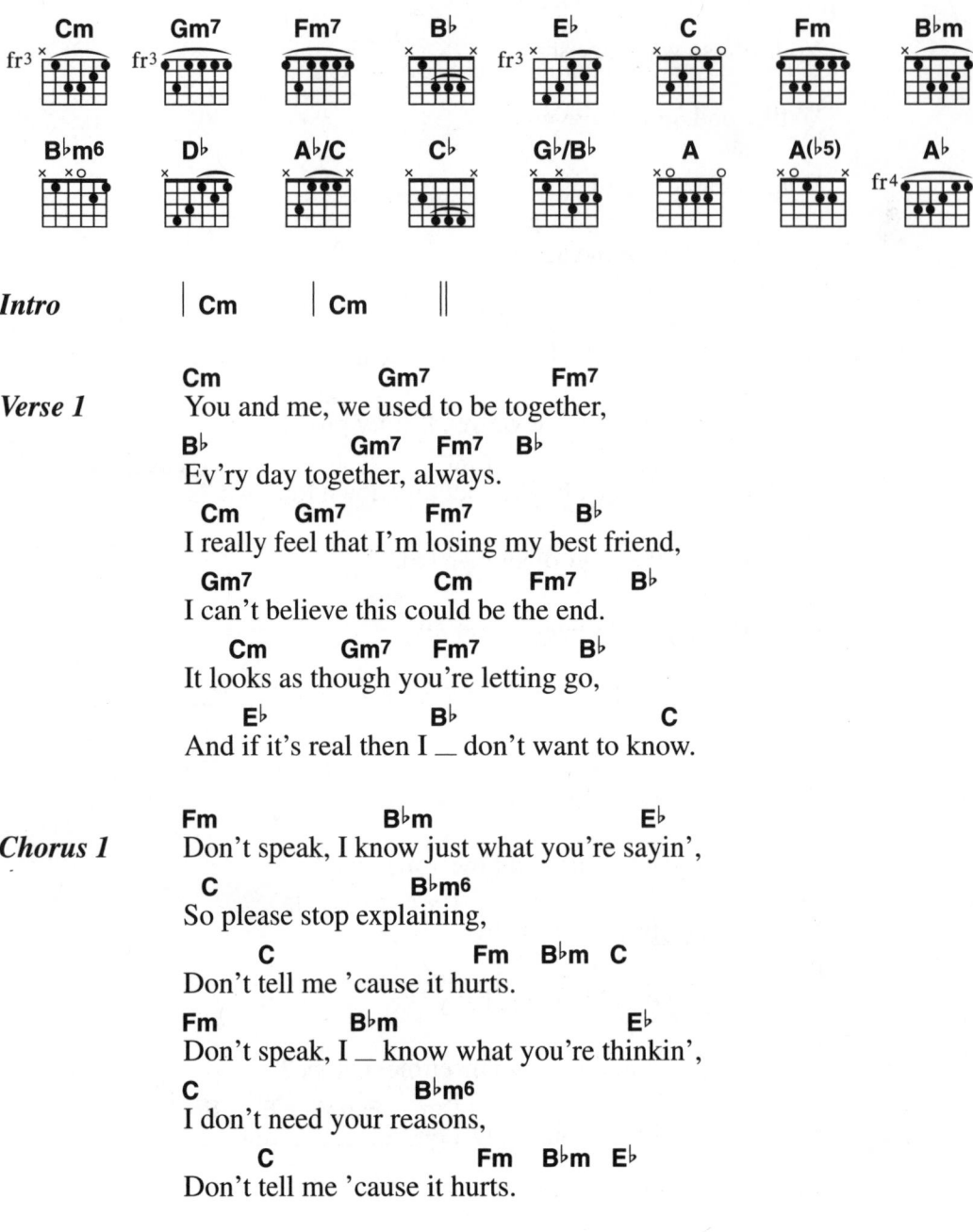

Intro | Cm | Cm ||

Verse 1

   Cm   Gm7   Fm7
You and me, we used to be together,
B♭   Gm7 Fm7 B♭
Ev'ry day together, always.
  Cm   Gm7   Fm7   B♭
I really feel that I'm losing my best friend,
  Gm7   Cm   Fm7   B♭
I can't believe this could be the end.
   Cm   Gm7 Fm7   B♭
It looks as though you're letting go,
     E♭   B♭   C
And if it's real then I _ don't want to know.

Chorus 1

  Fm   B♭m   E♭
Don't speak, I know just what you're sayin',
   C   B♭m6
So please stop explaining,
      C   Fm B♭m C
Don't tell me 'cause it hurts.
Fm   B♭m   E♭
Don't speak, I _ know what you're thinkin',
C   B♭m6
I don't need your reasons,
     C   Fm B♭m E♭
Don't tell me 'cause it hurts.

Verse 2

    Cm   **Gm7**   **Fm7**
Old memories, they can be inviting

                B♭   **Gm7** **Fm7**   **B♭**
But some are all together mighty frightening,

  Cm   **Gm7** **Fm7**   **B♭**
As we die   both you and I __

E♭   **B♭**   **C**
   With my head in my hands I'll soon be crying.

Chorus 2

Fm   **B♭m**   **E♭**
Don't speak, I know just what you're sayin',

 C   **B♭m6**
So please stop explaining,

        C   **Fm** **B♭m** **C**
Don't tell me 'cause it hurts.

Fm   **B♭m**   **E♭**
Don't speak, I __ know what you're thinkin',

C   **B♭m6**
I don't need your reasons,

       C   **Fm**
Don't tell me 'cause it hurts.

Middle

 D♭   **A♭/C**
It's all ending,

            C♭   **G♭/B♭**
We've got to stop pretending

          A   **A(♭5)** **A♭**
Who we are.

Instrumental ‖: **Cm** **Gm7** | **Fm7** **B♭** :‖ *Play 3 times*

             | **Gm7**   **Cm** **A♭** | **Fm**   ‖ .

Link

Cm   **Gm7**
You and me,

Fm7   **B♭**   **Fm7**   **B♭**
I can see us dying, aren't we? __

Chorus 3

Fm   B♭m   E♭
Don't speak, I know just what you're sayin',

  C   B♭m6
So please stop explaining,

        C   Fm B♭m C
Don't tell me 'cause it hurts.

Fm   B♭m   E♭
Don't speak, I _ know what you're thinkin',

C   B♭m6
I don't need your reasons,

       C   Fm
Don't tell me 'cause it hurts,

  B♭m   C   (Fm)
Don't tell me 'cause it (hurts.)

Outro

   Fm   B♭m   E♭
‖: Don't speak, I know just what you're sayin',

  C   B♭m6
So please stop explaining,

        C   Fm B♭m C
Don't tell me 'cause it hurts.

Fm   B♭m   E♭
Don't speak, I _ know what you're thinkin',

C   B♭m6
I don't need your reasons,

              C
I know you're good,

            Fm
I know you're good,

         B♭m   C
I know you're real good. :‖   *Repeat to fade*
                                     with vocal ad lib.

Epic

Words & Music by
Mike Patton, Roddy Bottum, Mike Bordin, Billy Gould & Jim Martin

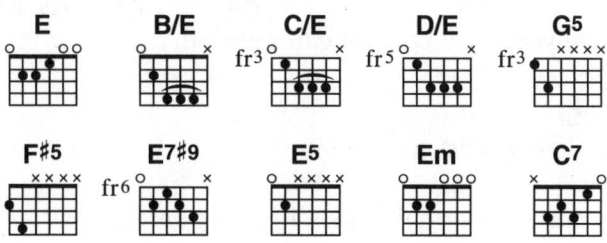

Intro | E | B/E | C/E D/E | E   G5 F#5 G5 ‖

Verse 1
(E)
Can you feel it, see it, hear it today?

If you can't, then it doesn't matter anyway.

You will never understand it 'cause it happens too fast,

And it feels so good it's like walking on glass.

It's so cool, it's so hip, it's alright;

It's so groovy, it's outta sight.

You can touch it, smell it, taste it so sweet,

But it makes no difference 'cause it knocks you off your feet.

Chorus 1
E   B/E   C/E   D/E | E   G5 F#5 G5 ‖
You want it all but you can't have it.

Verse 2
(E)
It's crying, bleeding, lying on the floor,

So you lay down on it and you do it some more.
E7#9
You've got to share it, so you dare it

Then you bare it and you tear it.

Chorus 2

   E   B/E   C/E | E5 G5 F♯5 G5‖
You want it all but you can't have it.

   E   B/E   C/E | E5 G5 F♯5 G5‖
It's in your face but you can't grab it.

Verse 3

        (E)
It's alive, afraid, a lie, a sin,

It's magic, it's tragic, it's a loss, it's a win.

        E7♯9
It's dark, it's moist, it's a bitter pain.

It's sad it happened and it's a shame.

Chorus 3

   E   B/E   C/E | E5 G5 F♯5 G5‖
You want it all but you can't have it.

   E   B/E   C/E
It's in your face but you can't grab it.

Bridge 1

E5   G5 F♯5 G5 E5
What is it?   It's it.

       G5 F♯5 G5 E5
What is it?   It's it.

       G5 F♯5 G5 E5
What is it?   It's it.

       G5 F♯5 G5 E5 | E | E | E | E |
What is it?   It's it.

| C/E | C/E | D/E | D/E ‖

Instrumental | Em | Em | C/E | C/E |

         | D/E | D/E | Em | Em ‖

Bridge 2

E5   G5 F♯5 G5 E5
What is it?   It's it.

       G5 F♯5 G5 E5
What is it?   It's it.

       G5 F♯5 G5 E5
What is it?   It's it.

       G5 F♯5 G5
What is it?

Chorus 4

   E   **B/E**   **C/E**
You want it all but you can't have it.
   E   **B/E**   **C/E**
It's in your face but you can't grab it.

Coda

       Em
‖: It's it.
            B/E
What is it? It's it.
            C/E
What is it? It's it.
                  G5 **F♯5** **E5**
What is it? It's it, (yeah, yeah, yeah). :‖ *Play 3 times*
   Em
It's it.
            B/E
What is it? It's it.
            C/E
What is it? It's it.
                  G5 **F♯5** **E5**
What is it? It's it, (yeah, yeah, yeah).
   Em | **B/E** | **C/E** | **C/E**   ‖
It's it.

Piano outro   ‖: **Em** | **Em** | **C** | **C**   :‖

                 | **Em** | **Em** | **C7** | **C** | **Em**   ‖

Enter Sandman

Words & Music by
James Hetfield, Lars Ulrich & Kirk Hammett

E5   A5   G5   F#5   F5   B5

Intro

‖: E5 A5 | E5 A5 | E5 A5 | E5 A5 :‖ *Play 3 times*

‖: E5 | E5 | E5 | E5 :‖ *Play 4 times*

‖: E5 A5 | E5 A5 | E5 A5 | G5 F#5 E5 :‖

Verse 1

E5   F5 E5
Say your prayers, little one,

E5   F5 E5   G5 F#5 G5 F#5 E5
Don't forget my son, to include ev'ry one.

E5   F5 E5
I tuck you in, warm within,

E5   F5 E5   G5   F#5 G5 F#5
Keep you free from sin 'til the sandman he comes,   ah.

Bridge 1

F#5   B5   F#5   B5
Sleep with one eye open,

F#5   B5   F#5   B5
Gripping your pillow tight.

Chorus 1

F#5   B5 F#5   B5 F#5 B5   E5
Ex - it   light.   En - ter   night.

F#5   B5   E5   G5   F#5   G5 F#5   E5
Take   my hand. We're off to never-ne - ver land.

Instrumental

‖: (E5) A5 | E5 A5 | E5 A5 | E5 F#5 G5 E5 :‖

Verse 2

E5   F5 E5
Something's wrong, shut the light,

E5   F5 E5   G5   F#5 G5 F#5 E5
Heavy thoughts tonight, and they aren't of Snow White.

E5   F5 E5
Dreams of war dreams of liars,

(E5)   F5 E5   G5   F#5 G5 F#5
Dreams of dragons fire   and of things that will bite,   yeah.

Bridge 2	As Bridge 1

Chorus 2	As Chorus 1

Solo	Over Verse 1, Bridge 1 and Chorus 1 ad lib.

Middle

<pre>
E5   A5   E5   A5
Now I lay me down to sleep, (now I lay me down to sleep,)
E5   A5   E5   A5
Pray the Lord my soul to keep, (pray the Lord my soul to keep,)
E5   A5   E5   A5
If I die before I wake, (if I die before I wake,)
E5   A5   E5   A5
Pray the Lord my soul to take, (pray the Lord my soul to take.)
F#5   B5   F#5   B5
Hush little baby, don't say a word
F#5   B5   F#5   B5
  And never mind that noise you heard,
F#5   B5   F#5   B5
  It's just the beasts under your bed,
F#5   B5   F#5   B5
  In your closet, in your head.
</pre>

Chorus 3

<pre>
F#5 B5 F#5   B5 F#5 B5   E5
Ex - it light.   En - ter   night.
F#5   E5
Grain of sand.
F#5 B5 F#5   B5 F#5 B5   E5
Ex - it light.   En - ter   night.
F#5   B5   E5   G5   F#5   G5 F#5 E5
Take   my hand, we're off to never-ne-ver-land,   yeah.
</pre>

Outro

<pre>
| E5 A5 | E5 A5 | E5 A5 | E5 A5 |

| E5 A5 | E5 A5 | E5 A5 | E5 F#5 G5 E5 |

||: E5 A5 | E5 A5 | E5 A5 | E5 A5 :|| Repeat to fade
</pre>

Everything About You

Words & Music by
Klaus Eichstadt & Whitfield Crane

D   A   D5   A5   G5   C5   G5*

Tune guitar down a semitone

Intro   ‖: D | A | D | A :‖: D5 | A5 | D5 | A5 :‖

Verse 1
D5 A5   D5   A5
I,   hate the rain and sunny weather
D5 A5   D5   A5
And I,   I hate the beach and mountains too boo-hoo
D5 A5   D5   A5
And I   don't like a thing about the city, no, no
D5 A5   D5   A5
And I, I, I, hate the countryside too!

Chorus 1
G5   A5   N.C.   D5   A5
And I, hate everything about you!
                    D5   A5
Everything about you!

Verse 2
D5 A5   D5   A5
And I   don't like a thing about your   mother
D5 A5   D5   A5
And I,   I hate your daddy's guts too boo-hoo
D5 A5   D5   A5
And I,   don't like a thing about your sister no, no
D5 A5   D5   A5
'Cause I, I, I, think sex is over-rated too.

Chorus 2
G5   A5
And I, get sick when I'm around,
G5   A5
I can't stand to be around,
G5   A5   N.C.   D5
I, hate everything about you!
A5   D5 A5   D5
  Everything about you,   everything about you,
A5   D5 C5   A5
Everything about you.

Middle 1

G5*
Some say I got a bad attitude,

A
But that don't change the way I feel about you.

G5*
And if you think this might be bringing me down,

A
Look again 'cause I ain't wearin' no frown!

Guitar Solo

‖: **D5** | **A5** | **D5** | **A5** :‖

| **G5** | **A5** | **G5** | **A5** | **G5** | **A5 N.C.**| **D5** | **D5** |

‖: **D5** | **A5** | **D5** | **A5** :‖

Middle 2

D5
Well, I know you know everybody knows

   A5
The way it comes, the way it's gonna' go

   D5
You think it's sad

And that's too bad

     A5
'Cause I'm havin' a ball hatin'

        D5
Every little thing about you!

Chorus 3

A5   **D5** **A5**
  Everything about you,   everything about . . .

G5   **A5**
I get sick when I'm around,

G5   **A5**
I can't stand to be around,

G5 A5 N.C. | **D5** | **A5** | **D5** |
I   hate everything about you.

Finetime

Words & Music by
John Power

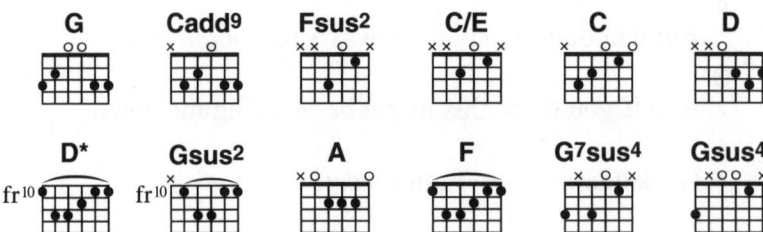

Tune guitar down a semitone

Intro |G |Cadd⁹ |Fsus² C/E |G ||

Verse 1

G
So what's it all about,

Cadd⁹
Do you really want to know,

Fsus²
Do you want to give,

C   G
Or do you just want to take it all and go?

'Cause you've got to let it out

Cadd⁹
If you wanna let it in,

Fsus²   C
Got to let a little bit of lovin' in,

G
And make it all begin.

Chorus 1

D
You've gotta look, find time

Fsus²   G
To pick the right time to make a change.

D   Fsus²
'Cause it's a real fine time to pick the right time

G
To make a change.

Verse 2

     G
So when you gonna learn
        Cadd9
That it takes all sorts,
Fsus2   **C**
Don't you think that life would be a little drab
    G
If we had the same thoughts?

'Cause you've taken all the good,
       Cadd9
But you leave me with the bad,
           Fsus2   **C**
And if you don't make a change pretty soon
          G
There won't be nothing comin' back.

Chorus 2   As Chorus 1

Middle 1

D*   **Gsus2**   **D***   **Gsus2**
  I do believe you read the verse,
D*   **Gsus2**   **D***   **Gsus2**
  I do believe you wrote the words.
G   **A**
  I just need to let you out
   D   **G**
To let you in again.
            A   **D** **F G**   **D** **F G**
I just need to feel your love again ___ and again. ___

Instrumental ‖: **G7sus4** | **Cadd9** | **F** **C** | **G**   :‖

Chorus 3   As Chorus 1

Verse 3   As Verse 1

Chorus 4   As Chorus 1

Outro

D*   Gsus2   D*   Gsus2
I do believe you read the verse,

D*   Gsus2   D*   Gsus2
I do believe you wrote the words.

G   A
I just need to let you out

 D   G
To let you in again.

          A   D F G   D F G
I just need to feel your love again ___ and again ___

     D   F G
And again, ___

     D   F Gsus4
And again. _____

Flying Without Wings

Words & Music by
Steve Mac & Wayne Hector

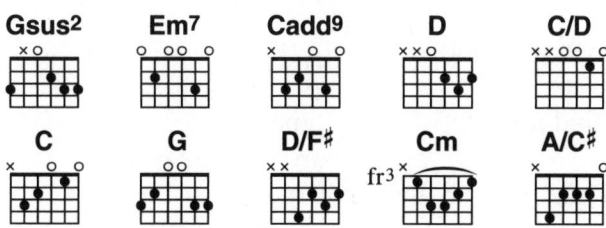

Gsus2   Em7   Cadd9   D   C/D

C   G   D/F♯   Cm   A/C♯

Capo 1st Fret

Verse 1

     N.C.   **Gsus2**
Everybody's looking for that something,
                  Em7
One thing that makes it all complete,
                  Cadd9
You find it in the strangest places,
              D
Places you never knew it could be.

                  Gsus2
Some find it in the face of their children,
                  Em7
Some find it in their lover's eyes.
                Cadd9
Who can deny the joy it brings,
                   D
When you've found that special thing,
              G
You're flying without wings.

Verse 2

                           Gsus2
Some find it sharing every morning,

                 Em7
Some in their solitary lives.

                    C
You find it in the works of others,

                         D   **C/D D**
A simple line can make you laugh or   cry.

                      Gsus2
You find it in the deepest friendships,

                   Em7
The kind you cherish all your life.

                           C
And when you know how much that means,

                 D
You've found that special thing,

               G
You're flying without wings.

Bridge

      G **D/F♯ C**   **D**
So impossi----ble as they may seem,

              Em7   **D/F♯** **G**
You've got to fight for every dream.

         D/F♯   **C**
'Cause who's to know

              Cm
Which one you let go

                   C/D   **D**
Would have made you complete.

Verse 3

C/D   D   Gsus2
Well for me it's waking up beside you,

                D/F♯   Em7
To watch the sun rise on your face.

                      C
To know that I can say I love you,

              D
At any given time or place.

                   Gsus2
It's little things that only I know,

                D/F♯   Em7
Those are the things that make you mine.

                 C
And it's like flying without wings,

                D
'Cause you're my special thing,

            Gsus2
I'm flying without wings.

Outro

                      D/F♯ C
And you're the place my life begins,

              D
And you'll be where it ends,

            C
I'm flying without wings,

            A/C♯   C/D
And that's the joy you bring,

            G
I'm flying without wings.

Girl From Mars

Words & Music by
Tim Wheeler

A	E	Dmaj7	Bm	D

Chorus 1

A   E   Dmaj7
Do you remember the time I knew a girl from Mars?

   Bm
I don't know if you knew that.

A   E
Oh, we'd stay up late playing cards,

     Dmaj7
Henry Winterman cigars,

   Bm   D
And she never told me her name,

   E   A
I still love you the girl from Mars.

Verse 1

     D E D   Bm
Sitting in a dreamy daze by the water's edge,

D   E   A
On a cool summer night.

     D E   D   Bm
Fireflies and stars in the sky, (Gentle glowing light,)

D   E A
From your cigarette.

      E   D Bm
The breeze blowing softly on my face

 D   E   A
Reminds me of something else.

     E   D   Bm
Something that in my mem'ry has been misplaced

D   E   Bm
Suddenly all comes back.

D   B   A
And as I look to the stars,

Chorus 2

               E   **D**
I remember the time I knew a girl from Mars

       Bm
I don't know if you knew that.

A   **E**
Oh, we'd stay up late playing cards,

            D
Henry Winterman cigars,

       Bm   **D**
And she never told me her name,

     E   **A**
I still love you the girl from Mars.

Verse 2

           D E   **D**   **Bm**
Surging through the darkness (over the moon-lit strand),

   D   **E**   **A**
Electricity in the air.

        D E   **D**   **Bm**
Twisting all__ through the night on the terrace

D   **E**   **A**
Now that summer is here.

      D E   **D**   **Bm**
I know that you are almost in love with me

     D   **E**   **A**
I can see it in your eyes.

          E   **D**   **Bm**
Strange lights shimmering under the sea tonight,

      D   **E**   **Bm**
And it almost blows my mind.

D   **E**   **A**
And as I look to the stars,

Chorus 3   As Chorus 2

Solo　　　‖: A　　D │ E　　 │ D　Bm │ Bm　 :‖ *Play 4 times*

Verse 3

A　　　E　　　　Dmaj7　　Bm
　Today I sleep in the chair by the window,

　D　　E　　　A
It felt as if you'd returned

　　　　　　E　　　Dmaj7　Bm
I thought that you were standing over me,

　　　　D　　　　　E　　　Bm
When I woke there was no-one there.

　　　　D　　　E　　A
I still love you girl__ from Mars,

Chorus 4

(A)　　　　　　　　　　E　　　　　　　　　D
Do you remember the time I knew a girl from Mars?

　　　Bm
I don't know if you knew that.

A　　　　　　　　　　　　E
Oh, we'd stay up late playing cards,

　　　　　　　　　　D
Henry Winterman cigars,

　　　Bm　　　　　　A
And she never told me her name.

Chorus 5

(A)　　　　　　　　　　E　　　　　　　　　D
Do you remember the time I knew a girl from Mars?

　　　Bm
I don't know if you knew that.

A　　　　　　　　　　　　E
Oh, we'd stay up late playing cards,

　　　　　　　　　　D
Henry Winterman cigars,

　　Bm　　　　　　D
And I'll still dream of you,

　　　E　　　　　　A
I still love you girl from Mars.

Hey Dude

Words & Music by
Crispian Mills, Alonza Bevan, Paul Winter-Hart & Jay Darlington

Gm7   C7   F   C   E♭9

F9   B♭   E♭   A♭   A

Intro   N.C. for 10 bars ‖: Gm7 | C7 | Gm7 | C7 :‖

Verse 1

(Gm7)   (C7)
All I have is all I need, enough for love but not for greed, yeah.
      (Gm7)
I was younger once, this guy came up to me,
        (C7)
Told me about all the honey out there.
        (Gm7)   (C7)
He said "Honey, gold, jewels, money, women, wine, cars that shine."
(Gm7)   (C7)
   I don't know what he was talking about, but I think I had an idea.
        Gm7
He said, "Smell the rose, the sweet, sweet rose,
C7
Catch the sun, find where it grows.
Gm7
Smell the rose, the sweet, sweet rose
      C7
That grows on castle walls in heaven."

Link | Gm7 | C7 | Gm7 | C7   ‖
                      In heaven, yeah!

Pre-chorus 1

        Gm7   F   C   F
Well if it feels like summer you're catching the sun
        Gm7   F   C   F
And I'm catching the moment you fall.
        Gm7   F   C   F
Well if it tastes like honey don't swallow it all,
        Gm7   F   C   F   E♭9   F9
Don't wait for the moment to come,   and he catch the sun.

Chorus 1

C   B♭   E♭   B♭
Hey dude, don't lean on me man

           F   B♭
'Cause I'm losing my direction

      F
And I can't understand, no, no.

C   B♭   E♭   B♭
Hey dude, well I do what I can

          F   B♭   F   N.C.
But you treat me like a woman when I feel like a man.

Verse 2

  Gm7
I was crossing the city one day,

    C7
Everybody was flashing by me

    Gm7
Like images of tombstones,

 C7
Images of tombstones.

    Gm7
On a Friday night I've seen everybody looking

      C7   Gm7
For their little bit of honey to alleviate the pain,

    C7
To alleviate the pain.

Pre-chorus 2

         Gm7   F   C   F
Well if it feels like summer you're catching the sun

       Gm7   F   C F
Don't wait for the evening to fall.

       Gm7   F   C   F
Well if it tastes like honey don't swallow it all,

       Gm7   F   C   E♭9   F9
Don't wait for the moment to come,   catch the sun.

Chorus 2

C   B♭   E♭   B♭
Hey dude, don't lean on me man

           F   B♭
'Cause I'm losing my direction

      F
And I can't understand, no, no.

C   B♭   E♭   B♭
Hey dude, well I do what I can

          F   B♭   F
But you treat me like a woman when I feel like a man,

        A♭   B♭
And I can't understand.

Middle

   C   **B♭**
No-no, no-no, no-no, no-no, no-no,

      A
No-no, no-no, no-no, no.

A♭   **C**   **B♭**   **A**
    Well I can't understand,   when I feel like a man.

        A♭
Sing it to me honey.

Solo   ‖: **(Gm7)** | **(C7)** | **(Gm7)** | **(C7)**   :‖ *Play 3 times*

E♭9   **F9**
  Catch the sun.

Chorus 3

C   **B♭**   **E♭**   **B♭**
  Hey dude, don't lean on me man

        F   **B♭**
'Cause I'm losing my direction

    F
And I can't understand, no, no.

C   **B♭**   **E♭**   **B♭**
  Hey dude, well I do what I can,

       F   **B♭**   **F**
But you treat me like a woman when I feel like a man.

Chorus 4

   C   **B♭**
  Hey dude, no-no, no-no,

E♭   **B♭**
  Hey dude, no-no, no-no,

F   **B♭**   **F**
  Wooo-ooh, yeah!

C   **B♭**   **E♭**   **B♭**
  Hey dude, well I do what I can,

       F   **N.C.**
But you treat me like a woman when I feel like a man.

Coda | **C**   **B♭** | **E♭** **B♭ F** | **C**   ‖
    Oh yeah!

Happy

Words & Music by
Fran Healy

| A | Asus2 | D | E | G6 | Asus4 | B |

Capo third fret

Intro ‖: A Asus2 A Asus2 | A Asus2 A Asus2 :‖ *Play 3 times*

Verse 1
   A
It starts in the morning when you're lying next to me,

I'm rolling, I'm rolling, I'm rolling so quickly.

Now, I'm not a doctor, and I'm not a lawyer,
   D
I get the prescription and set it on fire.
   A
Blow me a kiss,
     E   A
I'll be happy the rest of my life.

Chorus 1
     A
And I'm so happy 'cause you're so happy,

I'm so happy 'cause you're so happy.
D
I'm so happy 'cause you're so happy,
   A
And I'm so happy 'cause you're so happy.
E   D
Hey, _____ hey, oh
A   G6
I'm so happy.

Bridge
     D   A   Asus4 A
And I really shouldn't like it but I love it.
     D   A
When I say I'm not excited you're invited.

cont.

    D
And I think I'm getting older,

    B   **D**
There's this weight across my shoulder.

It's a shame we're the same,

                  E
Such a shame I'm to blame all the time. _____

Verse 2

    A
But early this evening I wanted to be with you.

I got on the blower, the next thing I know you're speaking.

Now I'm gonna tell you what I've been thinking.

    D
And I got a hunch that you're thinking the same thing,

A
And with some luck

    E   **A**
We'll be lying together tonight.

Chorus 2

    A
And I'm so happy 'cause you're so happy,

I'm so happy 'cause you're so happy.

D
I'm so happy 'cause you're so happy,

    A
And I'm so happy 'cause you're so happy.

E   **D**
Hey, _____ hey, oh

A   **G6** **A**   **G6**
I'm so happy.

Solo

| A | A | A | A | A | A | A | A | |
| D | D | D | D | A | A | A | A | |

| E | E | D | D | E | E | D | D | |

Hey, _____ hey, hey.   Hey, _____ hey, oh.

Coda

E   **D**
Hey, hey, hey, I said hey, oh.

    A   **G6** **A**
And I'm so happy.

Hit

Words & Music by
Björk, Einar Orn Benediktsson, Thor Eldon, Bragi Olafsson,
Margret Ornolfssdottir & Sigtryggur Baldursson

Em   **Dm7**   **B♭**   **F**

Intro   ‖: Em | Em | Em | Em :‖ Dm7 | Dm7 | Dm7 | Dm7 N.C.‖

Verse 1

Dm7
This wasn't supposed to happen,

I was happy by myself .

Accidently you seduced me,

I'm in love again.

Chorus 1

B♭   **F**
  I lie in my bed, totally still

                                   B♭
My eyes wide open, I'm in rapture

                              (Dm7)
I don't believe this, I'm in love again!

Verse 2

Dm7
This wasn't supposed to happen,

I've been hit with your charm.

How could you do this to me?

I'm in love again.

Chorus 2

B♭   **F**
I lie in my bed, totally still,

                              B♭
My eyes wide open, I'm in rapture.

                              Dm7
I don't believe this, I'm in love again!
(Dm7)
This wasn't supposed to happen!

Middle	‖: **Em**	‖ **Em**	‖ **Em**	‖ **Em**	:‖	*w/ad lib vocals*
					x3	
Rap	‖: **Dm⁷**	‖ **Dm⁷**	‖ **Dm⁷**	‖ **Dm⁷**	:‖	

Chorus 3

B♭   **F**
I lie in my bed, totally still,

                            B♭
My eyes wide open, I'm in rapture.

                         Dm⁷
I don't believe this, I'm in love again!
(Dm⁷)
This wasn't supposed to happen!

Chorus 4

B♭   **F**
I lie in my bed, totally still,

                            B♭
My eyes wide open, I'm in rapture.

(I'm in rapture)

You've put a seed inside me
                   F
And while you're away

(Seed,)

It's growing silently.

(To be a life,)
          B♭
Starts in my stomach,

Embraces my insides

(Inside,)
                       Dm⁷
And about to reach my heart.
(Dm⁷)
This wasn't supposed to happen!

This wasn't supposed to happen!

Outro	‖: **Em**	‖ **Em**	‖ **Em**	‖ **Em**	:‖	*Repeat to fade*
						w/ad lib vocals

67

If I Ever Lose My Faith In You

Words & Music by
Sting

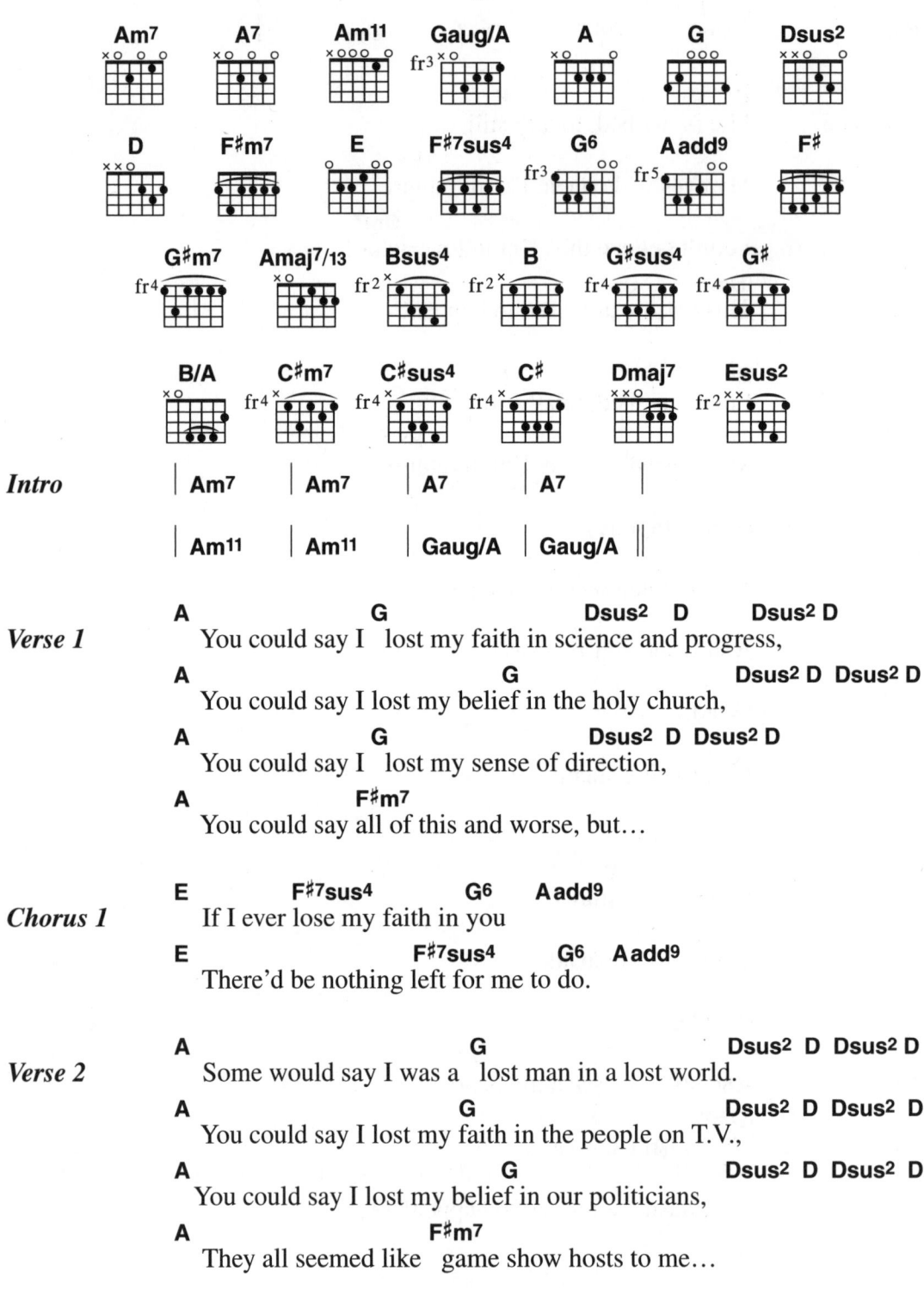

Intro | Am7 | Am7 | A7 | A7 |

| Am11 | Am11 | Gaug/A | Gaug/A ‖

Verse 1

    A   G   Dsus2 D   Dsus2 D
You could say I   lost my faith in science and progress,

    A   G   Dsus2 D Dsus2 D
You could say I lost my belief in the holy church,

    A   G   Dsus2 D Dsus2 D
You could say I   lost my sense of direction,

    A   F#m7
You could say all of this and worse, but…

Chorus 1

    E   F#7sus4   G6   Aadd9
If I ever lose my faith in you

    E   F#7sus4   G6 Aadd9
There'd be nothing left for me to do.

Verse 2

    A   G   Dsus2 D Dsus2 D
Some would say I was a   lost man in a lost world.

    A   G   Dsus2 D Dsus2 D
You could say I lost my faith in the people on T.V.,

    A   G   Dsus2 D Dsus2 D
You could say I lost my belief in our politicians,

    A   F#m7
They all seemed like   game show hosts to me…

Chorus 2   As Chorus 1

Instrumental | G   E | G   E | G   E | G   E ||

Bridge

F#m7   G#m7   Amaj7/13 Bsus4 B
I could be lost inside their lies   without a   trace,

F#   G#sus4 G#   B/A A   B/A   A
But every time   I close my eyes   I see your face.

Verse 3

A   G   Dsus2 D Dsus2 D
I never saw no   miracle of science

A   G   Dsus2 D Dsus2 D
That didn't go from a   blessing to a curse,

A   G   Dsus2 D Dsus2 D
I never saw no   military solution

A   F#m7
That didn't always end up as something worse, but

E   C#m7
Let me say this first:

Chorus 3

B   C#sus4 C#   Dmaj7
If I ever lose my faith in you,

         Esus2   E
If I ever lose my faith in you,

B   C#sus4 C#   Dmaj7
There'd be nothing left for me to do,

               Esus2 E
There'd be nothing left for me to do.

         F#7sus4   G6   Aadd9
If I ever lose my faith, if I ever lose my faith,

E   F#7sus4   G6   Aadd9
If I ever lose my faith, if I ever lose my faith in (you.)

Coda | G   E | G   E | G   E | G   E |
you.

            | G   E | G   E | G   E ||
                          Fade out

I'll Be There For You

Words & Music by
Michael Skloff, Allee Willis, Philip Solem,
David Crane, Marta Kauffman & Danny Wilde

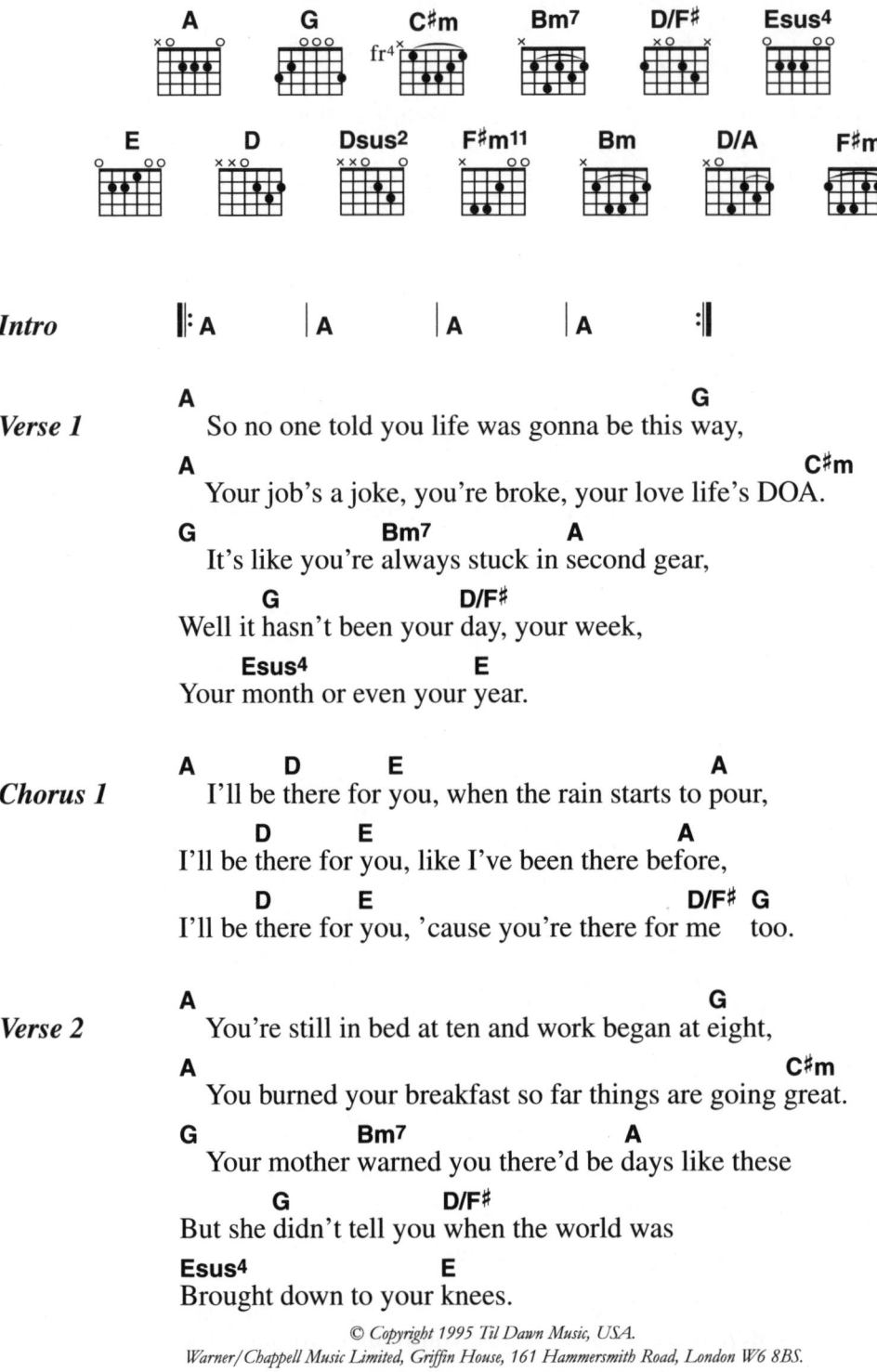

Intro ‖: A | A | A | A :‖

Verse 1

A
So no one told you life was gonna be this way,   G

A
Your job's a joke, you're broke, your love life's DOA.   C#m

G   Bm7   A
It's like you're always stuck in second gear,

        G   D/F#
Well it hasn't been your day, your week,

    Esus4   E
Your month or even your year.

Chorus 1

A   D   E   A
I'll be there for you, when the rain starts to pour,

        D   E   A
I'll be there for you, like I've been there before,

        D   E   D/F# G
I'll be there for you, 'cause you're there for me   too.

Verse 2

A   G
You're still in bed at ten and work began at eight,

A   C#m
You burned your breakfast so far things are going great.

G   Bm7   A
Your mother warned you there'd be days like these

        G   D/F#
But she didn't tell you when the world was

Esus4   E
Brought down to your knees.

Chorus 2

```
      A      D      E                          A
      I'll be there for you, when the rain starts to pour,
          D      E                    A
      I'll be there for you, like I've been there before,
          D      E                         D/F♯ G    |A   |A   ‖
      I'll be there for you, 'cause you're there for me   too.
```

Middle

```
      Dsus2
      No one could ever know me,

      No one could ever see me,
      F♯m11
      Seems you're the only one who knows

      What it's like to be me.
      Bm
      Someone to face the day with,
      D/A
      Make it through all the mess with,
      G              D/F♯
      Someone I'll always laugh with,
      E          D        E
      Even at my worst, my best with
```

Instrumental

```
‖: F♯m  | D    | E    | E    | A    | D    | E    | E    :‖
   you,          yeah.
```

Link

```
      G              Bm7          A
      It's like you're always stuck in second gear,
           G              D/F♯
      Well it hasn't been your day, your week,
          Esus4                E
      Your month or even your year.
```

Chorus 3   As Chorus 1

Chorus 4

```
      A        D      E
      I'll be there for you,
      A        D      E
      I'll be there for you,
      A        D      E                         D/F♯ G    A
      I'll be there for you, 'cause you're there for me   too.
```

Just Looking

Words by Kelly Jones
Music by Kelly Jones, Richard Jones & Stuart Cable

[Chord diagrams: G, C, Am7, Fsus2, G5, Cadd9, D*, Em, D/F#, A5]

Intro

‖: G | G | C | C :‖

Verse 1

               G   C
There's things I want, there's things I think I want,

               G   C
There's things I've had, there's things I wanna have.

           Am7   Fsus2
Do I want the   dreams, the ones we're   forced to see?

Verse 2

                     G   C
Do I want the perfect   wife, the word 'perfect'   ain't quite right.

               G   C
Shoppin' every day, take it back the next break.

           Am7   Fsus2
They say the more you fly the more you risk your life.

Chorus 1

           G5   Cadd9   G5   Cadd9
And I'm just look - in', I'm not buy - in',

           G5   Cadd9   G5   Cadd9
I'm just look - in', it keeps me smil - in'.

Verse 3

               G   C
A house I seen, another   coulda' been.

                 G   C
You drenched my   head and I said what I said.

           Am7   Fsus2
Said that life is what you make of it yet most of us just fake.

Chorus 2   As Chorus 1

Link	C	D*	C	D*
	C	D*	Em D/F♯	G5 A5

Chorus 3

            G5   **Cadd9**   **G5**   **Cadd9**
And I'm just look - in', I'm not buy - in',

           G5   **Cadd9**   **G5**   **Cadd9**
I'm just look - in', it keeps me try - in'.

            G5   **Cadd9**
And I'm just look - in', I'm not buy - in',

           G5   **Cadd9**   **G5**   **Cadd9**
I'm just look - in', it keeps me smil - in'.

Verse 4

               G   **C**
There's things I   want, there's things I   think I want,

               G   **C**
There's things I've   had, there's things I   wanna have.

           Am7   **Fsus2**
They say the more you fly the more you risk your life.

Coda

           G5   **Cadd9**   **G5**   **Cadd9**
But I'm just look - in', I'm not buy - in',

           G5   **Cadd9**   **G5**   **Cadd9**
I'm just look - in', keeps me smil - in'.

Keep On Movin'

Words & Music by Richard Stannard, Julian Gallagher,
Richard Breen, Sean Conlon & Jason Brown

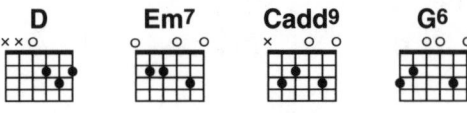

Intro   ‖: D | Em7 | Cadd9 | G6   :‖

Verse 1
      D   **Em7**
I woke up today with this feeling,

      Cadd9   **G6**
That better things are coming my way.

      D   **Em7**
And if the sunshine has a meaning,

      Cadd9   **G6**
Telling me not to let things get in my way.

Pre-chorus 1
D
When rainy days are dying

Em7
Gotta keep on, keep on trying

Cadd9
All the bees and birds are flying.

G6
(Ahh ahh ahh)

D
Never let go, gotta hold on in

Em7
Non-stop 'til the break of dawnin'

Cadd9
Keep movin' don't stop rocking.

G6
(Ahh ahh ahh)

Chorus 1

D   **Em7**
Get on up when you're down

      Cadd9   **G6**
Baby take a good look around

             D   **Em7**
I know it's not much, but it's OK

      Cadd9   **G6**
Keep on movin' on anyway.

Verse 2

D   **Em7**
Feels like I should be screaming

Cadd9   **G**
Trying to get it through to my friends

      D   **Em7**
Sometimes it feels that life has no meaning

         Cadd9   **G6**
But I know things'll be alright in the end.

Pre-chorus 2

D
    When rainy days are dying,

Em7
    Gotta keep on, keep on trying,

Cadd9
    All the bees and birds are flying.

G6
(Ahh ahh ahh)

D
    Never let go, gotta hold on in

Em7
    Non-stop 'til the break of dawnin'

Cadd9
    Keep movin' don't stop rocking.

G
(Ahh ahh ahh)

Chorus 2   As Chorus 1

Pre-chorus 3   As Pre-chorus 2

Chorus 3   As Chorus 1

Chorus 4   As Chorus 1 *(Repeat to fade)*

Like A Child Again

Words by Wayne Hussey
Music by Craig Adams, Mick Brown & Wayne Hussey

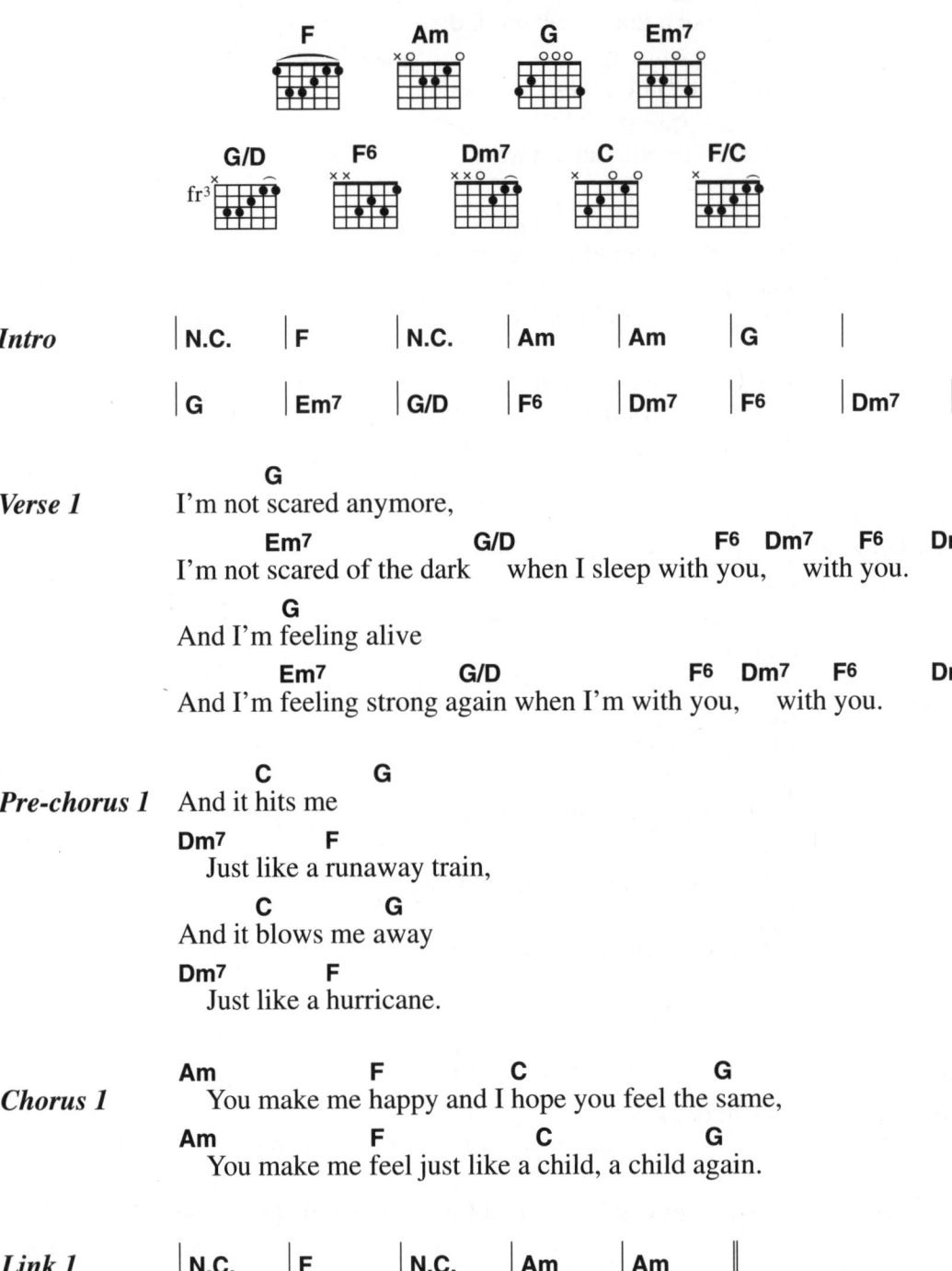

Intro

| N.C. | F | N.C. | Am | Am | G | |
| G | Em7 | G/D | F6 | Dm7 | F6 | Dm7 | |

Verse 1

         G
I'm not scared anymore,
          Em7   **G/D**   **F6 Dm7 F6**   **Dm7**
I'm not scared of the dark   when I sleep with you,   with you.
         G
And I'm feeling alive
          Em7   **G/D**   **F6 Dm7 F6**   **Dm7**
And I'm feeling strong again when I'm with you,   with you.

Pre-chorus 1

         C   **G**
And it hits me
Dm7   **F**
   Just like a runaway train,
         C   **G**
And it blows me away
Dm7   **F**
   Just like a hurricane.

Chorus 1

Am   **F**   **C**   **G**
   You make me happy and I hope you feel the same,
Am   **F**   **C**   **G**
   You make me feel just like a child, a child again.

Link 1

| N.C. | F | N.C. | Am | Am | ‖

Verse 2
        G
I'm not trapped anymore

          Em7   **G/D**   **F6** **Dm7** **F6** **Dm7**
Between Madonna and the whore when I lay with you,   with you.

        G
And the days run away

          Em7   **G/D**   **F6** **Dm7** **F6** **Dm7**
Like wild horses run away when I'm with you.

Pre-chorus 2
         C   **G**
And I'm breathing you in

Dm7   **F**
   Just like the morning air.

         C   **G**
And I'm wrapping you around

Dm7   **F**
   Just like a skin to wear.

Chorus 2   As Chorus 1

Instrumental | **N.C.** | **F** | **F** | **Am** | **Am** | **F** | **F** | **Dm7** | **F C G F** |

Pre-chorus 3
C   **G**
Oh, sweet thing

Dm7   **F**
   I'm born once again.

    C   **G**
For you sweet thing,

Dm7   **F**
   Just like a baby again.

Chorus 3
Am   **F**   **C**   **G**
  You make me happy, and I hope you feel the same,

Am   **F**   **C**   **G**
  And I'm in Heaven and it feels like gentle rain.

Am   **F**   **C**   **G**
  You make me happy, and I want you to feel the same,

Am   **F**   **C**   **G** | **N.C.** | **F/C Am** ‖
  You make me feel just like a child, a child again.

A Little Time

Words & Music by
Paul Heaton & David Rotheray

F	B♭/F	Fsus2	B♭	C	Gm	Fmaj7

Intro
‖ F   B♭/F │ F   B♭/F │ F   B♭/F ‖

Verse 1

F   Fsus2   F   B♭/F   F
I need a little time to think it over,

B♭/F   F   B♭/F   F
I need a little space just on my own.

Fsus2   F   B♭/F   F
I need a little time to find my freedom.

B♭/F
I need a little…

Chorus 1

F
Funny how quick the milk turns sour,

B♭   C
Isn't it, isn't it?

F
Your face has been looking like that for hours,

B♭   C
Hasn't it, hasn't it?

B♭   C
Promises, promises turn to dust,

F   Gm
Wedding bells just turn to rust,

B♭   C
Trust into mistrust.

Verse 2

F   B♭/F   F
I need a little room to find myself in,

B♭/F   F   B♭/F   F
I need a little space to work it out…

B♭/F   F   B♭/F   F
I need a little room all alone.

B♭/F
I need a little…

Chorus 2

    F
You need a little room for your big head,
B♭   C
Don't you, don't you?

    F
You need a little space for a thousand beds,
B♭   C
Won't you, won't you?
B♭   C
Lips that promise, fear the worst,
F   Gm
Tongue so sharp, the bubble burst,
B♭   C
Just into un - just.

Instrumental | Fmaj⁷ B♭/F | Fmaj⁷ B♭/F | Fmaj⁷ B♭/F | Fmaj⁷ B♭/F |

                | Fmaj⁷ B♭/F | Fmaj⁷ B♭/F | Fmaj⁷ B♭/F ‖

Fmaj⁷ B♭/F   F   B♭/F   F
Verse 3   I've had a little time to find the truth.
            B♭/F   F   B♭/F   F
Now I've had a little room to check what's wrong.
      B♭/F   F   B♭/F F
I've had a little time and I still   love you.
     B♭/F
I've had a little…

    F
Chorus 3   You had a little time and you had a little fun,
B♭   C
Didn't you, didn't you?
      F
While you had yours do you think I had none,
B♭   C
Do you, do you?
     B♭   C
The freedom that you wanted bad
   F   Gm
Is yours for good, I hope you're glad.
B♭   C
Sad into un - sad.

Verse 4

          Fmaj7
I had a little time

   Fsus2   **Fmaj7**
To think it ___ over.

Fsus2   **Fmaj7**
Had a little room

   Fsus2 **Fmaj7**
To work it out.

   Fsus2   **F**
I found a little courage

    Fsus2 **Fmaj7**
To call it off.

Outro

Fmaj7
  I've had a little time,

I've had a little time,

I've had a little time,

                  F
I've had a little time.

Livin' La Vida Loca

Words & Music by
Desmond Child & Robi Rosa

C#m   F#m   G#m   A   B   G#

Intro   ‖: C#m | C#m | C#m | C#m :‖

Verse 1
C#m
She's into superstitions,

Black cats and voodoo dolls,

I feel a premonition

That girl's gonna make me fall.

Link 1 | C#m | C#m | C#m | C#m |

Verse 2
C#m
She's into new sensations,

New kicks and candle light.

She's got a new addiction

For every day and night.

Pre-chorus 1
F#m
She'll make you take your clothes off
G#m
And go dancing in the rain.
A
She'll make you live her crazy life
B
Or she'll take away your pain,
G#
Like a bullet to your brain.

Chorus 1

    C#m
Upside inside out,

   B   C#m
She's livin' la Vida Loca.

She'll push and pull you down,

B   C#m
Livin' la Vida Loca.

Her lips are devil red

    B   C#m
And her skin's the colour of mocha.

She will wear you out,

B   C#m
Livin' la Vida Loca,

B   C#m
Livin' la Vida Loca,

   B   C#m
She's livin' la Vida Loca.

Link 2 ‖: C#m | C#m | C#m | C#m :‖

Verse 3

C#m
 Woke up in New York City

In a funky cheap motel,

She took my heart and she took my money,

She must have slipped me a sleeping pill.

   F#m
Pre-chorus 2 She never drinks the water,

     G#m
Makes you order French Champagne.

   A
And once you've had a taste of her

   B
You'll never be the same

    G#
And she'll make you go insane.

Chorus 2 As Chorus 1

Instrumental   ‖: C♯m |C♯m |B |C♯m   :‖

Pre-chorus 3   As Pre-chorus 1

Chorus 3

C♯m
Upside inside out,
     B
She's livin' la Vida Loca.

She'll push and pull you down,
B   **C♯m**
Livin' la Vida Loca.

Her lips are devil red
     B
And her skin's the colour of mocha.

She will wear you out,
B   **C♯m**
Livin' la Vida Loca.

Chorus 4

C♯m
Upside inside out,
     B   **C♯m**
She's livin' la Vida Loca.

She'll push and pull you down,
     B   **C♯m**
She's livin' la Vida Loca.

Her lips are devil red
     B   **C♯m**
And her skin's the colour of mocha.

She will wear you out
B   **C♯m**
Livin' la Vida Loca,
B   **C♯m**
Livin' la Vida Loca,
     B   **C♯m**
She's livin' la Vida Loca.

Instrumental   ‖: C♯m |C♯m |B |C♯m   :‖

            | B |C♯m |B |C♯m   ‖

Locked Out

Words & Music by
Neil Finn

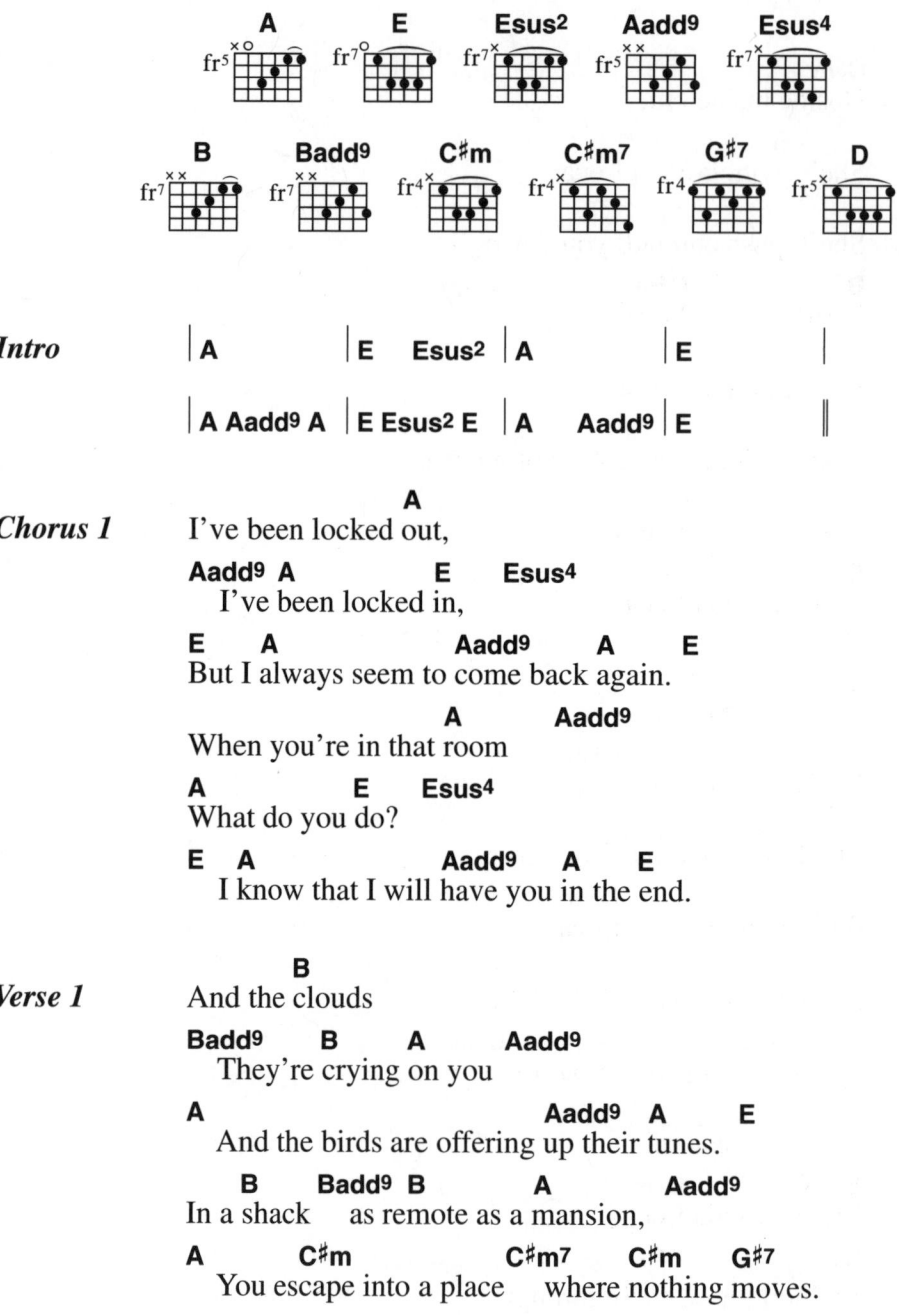

Intro | A | E   Esus2 | A | E |

| A Aadd9 A | E Esus2 E | A   Aadd9 | E   ‖

Chorus 1
           A
I've been locked out,

Aadd9 A   **E**   **Esus4**
  I've been locked in,

E   **A**   **Aadd9**   **A**   **E**
But I always seem to come back again.

                A   **Aadd9**
When you're in that room

A   **E**   **Esus4**
What do you do?

E   **A**   **Aadd9**   **A**   **E**
  I know that I will have you in the end.

Verse 1
           B
And the clouds

Badd9   **B**   **A**   **Aadd9**
  They're crying on you

A   **Aadd9** **A**   **E**
  And the birds are offering up their tunes.

     B **Badd9** **B**   **A**   **Aadd9**
In a shack   as remote as a mansion,

A   **C#m**   **C#m7**   **C#m**   **G#7**
  You escape into a place   where nothing moves.

Chorus 2

N.C.   A
And I've been locked out,

Aadd9   A   E   Esus2
And I know we're through

E   A   Aadd9 A   E   Esus2
But I can't begin to face up to the truth.

 E   A
I wait so long

Aadd9   A   E   Esus2
For the walls to crack,

E A   Aadd9 A   E
But I know that I will one day have you back.

Verse 2

           B
And the hills

Badd9   B   A   Aadd9
Are as soft as a pillow

A   Aadd9 A   E
And they cast a shadow on my bed.

           B
And the view

Badd9   B   A   Aadd9
When I look through my window

A   C#m   C#m7 C#m
Is an altarpiece I'm praying to

          G#7
For the living and the dead.

Instrumental   ‖: A | E | A | E   :‖

Middle 1

D   C#m
Twin valleys shine in the morning sun,

D   C#m   G#7
I send a message out to my only one.

Chorus 3

N.C.   A
God I've been locked out,

Aadd9 A   E   Esus4
And I know we're through

E   A   Aadd9 A   Esus2   E
But I can't begin to face up to the truth.

Esus2 E   A
And I wait so long

Aadd9   A   E   Esus4
For the walls to crack,

cont.

     E   A   **Aadd9**   **A**   **E**
But I know that I will one day have you back

Yes, I will.

Verse 3

           B
And I work

Badd9 B   **A**   **Aadd9**
  Like bees in the honey,

A   **Aadd9** **A**   **E**
  Every night I circle   like the moon.

           B
And it's an act

Badd9 B   **A**   **Aadd9**
   Of simple devotion

A   **C♯m**   **C♯m7**   **C♯m**
  But it can take forever when you've got

G♯7
Something to prove.

Middle 2

N.C.   **D**
  I've been locked out,

C♯m   **D**
  And I've been locked out,

C♯m   **(A)**
  And I've been locked out.

Outro   ‖: **A** | **E** | **A** | **E**   :‖   *Repeat to fade*

Love Shack

Words & Music by
Fred Schneider, Kate Pierson, Cynthia Wilson & Keith Strickland

E♭	C	B♭	F	A♭	Cm9

Intro

N.C.
If you see a faded sign at the side of the road that says

                      E♭ C   B♭   C   B♭
15 miles to the . . . Love   Shack!   Love Shack yeah.

Verse 1

         C   B♭   C B♭   C B♭
I'm headin' down the Atlanta highway,   lookin' for the love getaway,
C   B♭
   Headed for the love getaway.

   C   B♭
I got me a car, it's as big as a whale
            C   B♭
And we're headin' on down to the Love Shack.
   C   B♭
I got me a Chrysler, it seats about 20,
    C   B♭
So hurry up and bring your jukebox money.

Chorus 1

      C   E♭   F   A♭   C
The Love Shack is a little old place where we can get together.
B♭   C B♭
Love Shack baby, Love Shack baby,
C   B♭   C   B♭
Love shack, baby, love shack, love shack, baby, love shack.

Verse 2

   C   B♭
  Sign says, stay away fools,
        C   B♭
'Cause love rules at the Love Shack!
       C   B♭ C
Well it's set way back in the middle of a field,
B♭ C   B♭ C
Just a funky old shack and I gotta get back.

cont.

C   B♭
Glitter on the mattress,
C   B♭
Glitter on the highway,
C   B♭
Glitter on the front porch,
C   B♭
Glitter on the hallway.

Chorus 2

     C   E♭   F   A♭   C
The Love Shack is a little old place where   we can get together.
B♭   C B♭   C   B♭
Love Shack baby! Love Shack baby! Love Shack, that's where it's at!
C   B♭
Love Shack, that's where it's at!

Verse 3

C   B♭
Huggin' and a kissin', dancin' and a lovin',
C   B♭
Wearin' next to nothing 'cause it's hot as an oven
      C   B♭
The whole shack shimmies when everybody's
        C   E♭
Movin' around and around and around and around.
C   B♭
Everybody's movin', everybody's groovin' baby!
C   B♭
Folks linin' up outside just to get down.
C   B♭
Everybody's movin', everybody's groovin' baby!
C   B♭
Funky little shack! Funky little shack!

Link

| C | B♭ | C | B♭ | |

Verse 4

C   B♭   C   B♭
Hop in my Chrysler, it's as big as a whale and it's about to set sail!
   C   B♭
I got me a car, it seats about 20
         C   B♭
So come on and bring your jukebox money.

	C E♭ F A♭ C
Chorus 3	The Love Shack is a little old place where we can get together.

B♭   **C B♭**
Love shack baby, love shack baby,

C   **B♭**
Love shack, baby, love shack,

C   **B♭**
Love shack, baby, love shack.

Middle | **C** | **B♭** | **C** | **B♭** | |

C   **B♭**   **C**
Bang bang bang on the door baby!

B♭
Knock a little louder sugar!

C   **B♭**   **C**
Bang bang bang on the door baby!

B♭
I can't hear you!

Cm⁹   **B♭**
Bang bang, on the door baby,

Cm⁹   **B♭**
Bang bang, on the door.

Cm⁹   **B♭**
Bang bang, on the door baby,

Cm⁹   **B♭**   **C**   **N.C.**
Bang bang, you're what? . . . Tin roof, rusted!

C   **B♭**
Outro   Love Shack, baby Love Shack!

C   **B♭**
Love Shack, baby Love Shack!

C   **B♭**
Love Shack, baby Love Shack!

C   **B♭**   **C**
Love Shack, baby Love Shack!

Love Is All Around

Words & Music by
Reg Presley

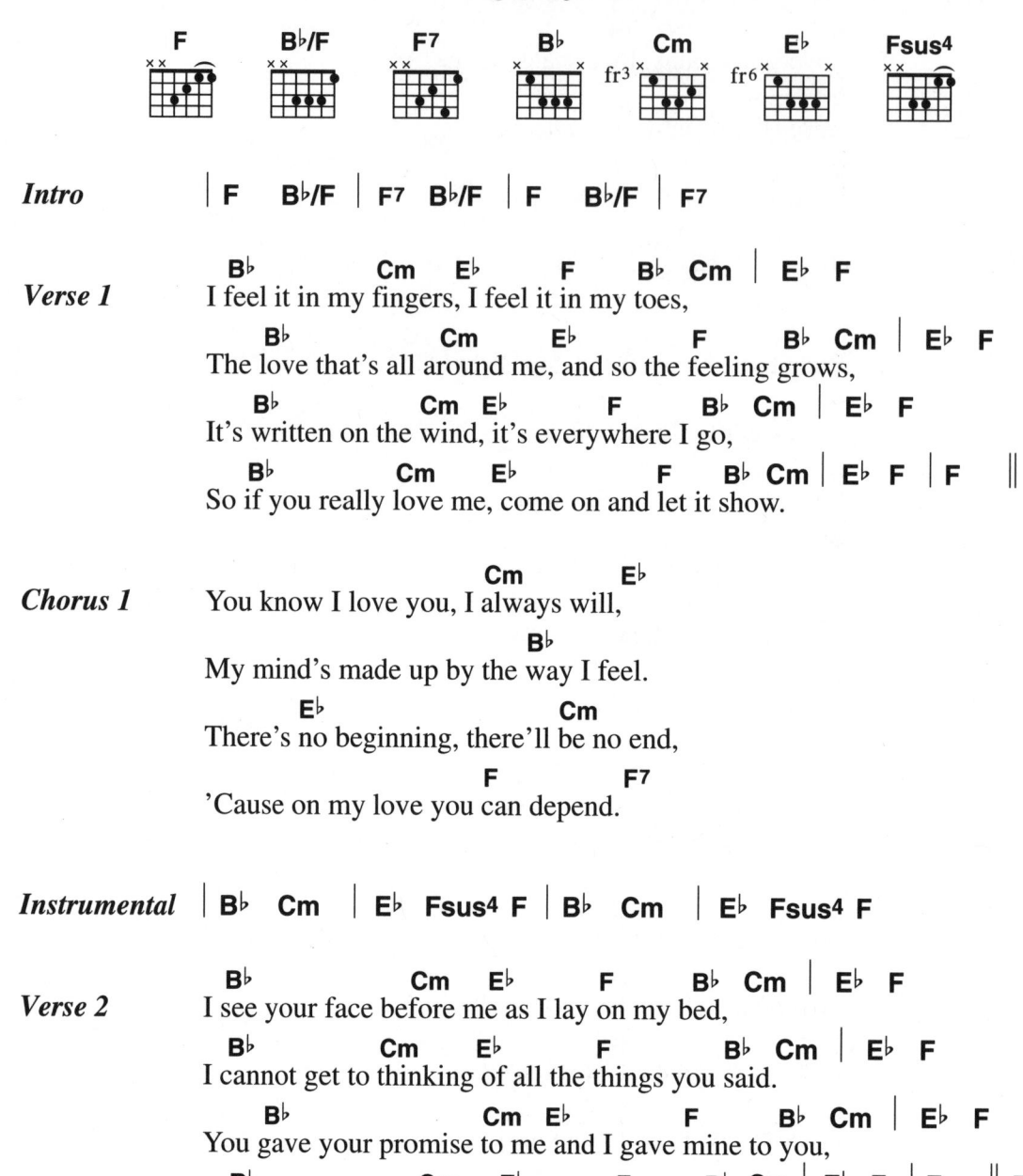

Intro | F B♭/F | F7 B♭/F | F B♭/F | F7

Verse 1

B♭   Cm   E♭   F   B♭ Cm | E♭ F
I feel it in my fingers, I feel it in my toes,

B♭   Cm   E♭   F   B♭ Cm | E♭ F
The love that's all around me, and so the feeling grows,

B♭   Cm   E♭   F   B♭ Cm | E♭ F
It's written on the wind, it's everywhere I go,

B♭   Cm   E♭   F   B♭ Cm | E♭ F | F || E♭
So if you really love me, come on and let it show.

Chorus 1

                            Cm   E♭
You know I love you, I always will,

                    B♭
My mind's made up by the way I feel.

        E♭   Cm
There's no beginning, there'll be no end,

                            F   F7
'Cause on my love you can depend.

Instrumental | B♭ Cm | E♭ Fsus4 F | B♭ Cm | E♭ Fsus4 F

Verse 2

B♭   Cm   E♭   F   B♭ Cm | E♭ F
I see your face before me as I lay on my bed,

B♭   Cm   E♭   F   B♭ Cm | E♭ F
I cannot get to thinking of all the things you said.

B♭   Cm E♭   F   B♭ Cm | E♭ F
You gave your promise to me and I gave mine to you,

B♭   Cm   E♭   F   B♭ Cm | E♭ F | F || E♭
I need someone beside me in everything I do.

Chorus 2

   (E♭)   **Cm**   **E♭**
You know I love you, I always will,

                       B♭
My mind's made up by the way I feel.

         E♭   **Cm**
There's no beginning, there'll be no end,

                     F   **F7** **B♭/F** | **F7** **B♭/F** | **F**
'Cause on my love you can depend.

               B♭/F   **F7**
Got to keep it moving.

Verse 3

      B♭   **Cm** **E♭**   **Fsus4** **F** **B♭** **Cm** | **E♭** **F**
It's written in the wind, oh, everywhere I go,

     B♭   **Cm** **E♭**   **Fsus4** **F**   **B♭** **Cm** | **E♭**
So if you really love me, come on and let it show,

        F
Come on and let it (show).

   ‖: **B♭**   **Cm**
   Come on and let it,

E♭   **Fsus4** **F**
Come on and let   it,

B♭   **Cm** **E♭** **Fsus4** **F**
Come on and let it show.   :‖ *Repeat to fade*

Love Rears Its Ugly Head

Words & Music by
Vernon Reid

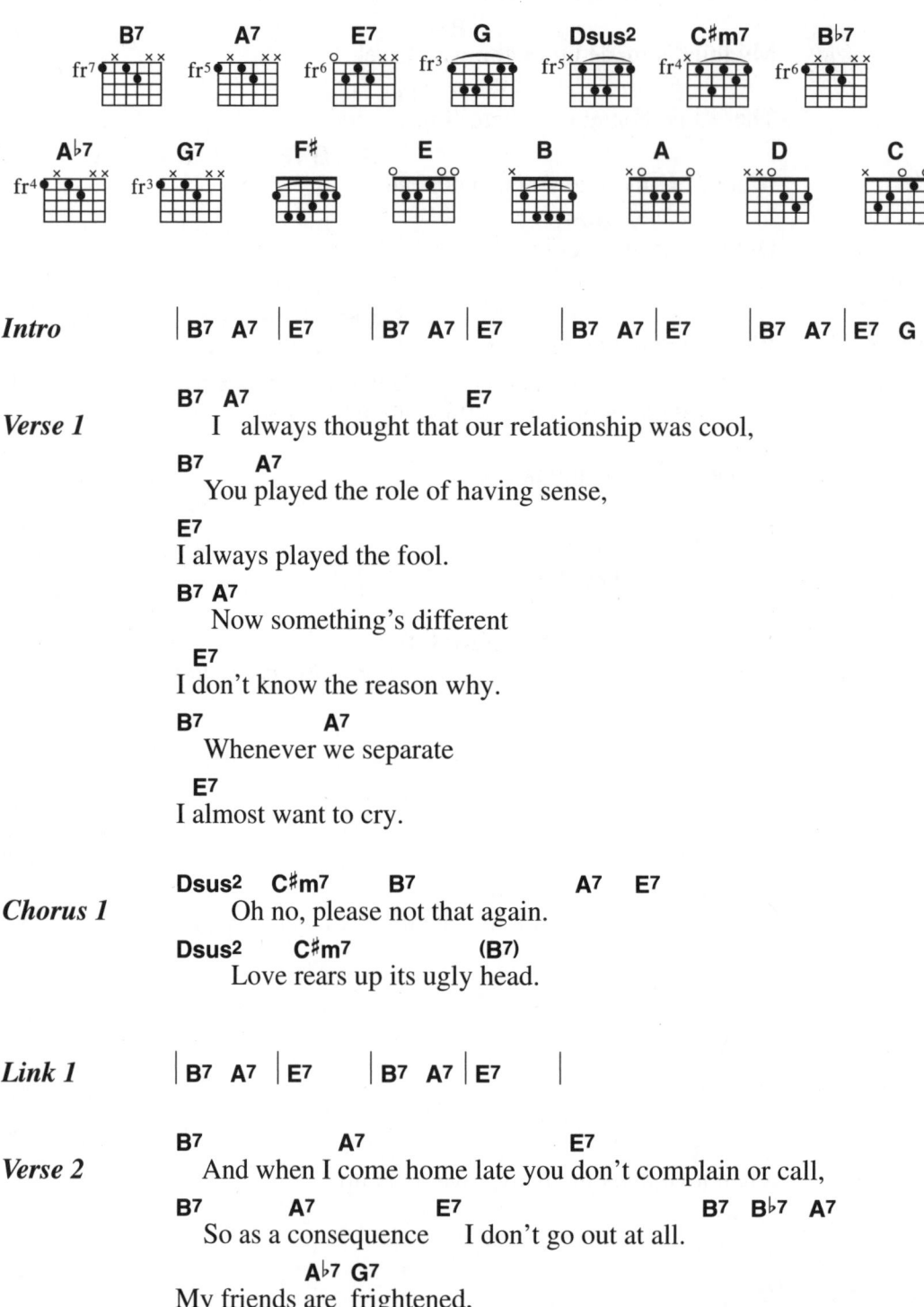

Intro | B7 A7 | E7 | B7 A7 | E7 | B7 A7 | E7 | B7 A7 | E7 G |

Verse 1

B7 A7   E7
  I always thought that our relationship was cool,

B7   A7
You played the role of having sense,

E7
I always played the fool.

B7 A7
  Now something's different

 E7
I don't know the reason why.

B7   A7
  Whenever we separate

  E7
I almost want to cry.

Chorus 1

Dsus2 C#m7   B7   A7   E7
  Oh no, please not that again.

Dsus2   C#m7   (B7)
  Love rears up its ugly head.

Link 1 | B7 A7 | E7 | B7 A7 | E7 |

Verse 2

B7   A7   E7
  And when I come home late you don't complain or call,

B7   A7   E7   B7 Bb7 A7
  So as a consequence   I don't go out at all.

   Ab7 G7
My friends are frightened,

cont.

E7
    They don't know what's going on.
B7   **A7**
    They think you put a spell on me,
      E7
And now my mind is gone.

Chorus 2   As Chorus 1

Link 2 | **B7 A7** | **E7** | **B7 A7** | **E7 G** |

Middle
F♯   **E B**   **A**
    Love's   not so bad they say.
        D   **C**   **B7**   **A7**
But you never know where love is gonna go,
E7   **B7**   **A7**
    Does anybody really know?
E7 N.C.
    Check this out . . .

Verse 3
B7   **A7**
    I'm standing at the altar
E7
    As they play the wedding march.
E7   **A7**   **E7**   **B7 B♭7 A7**
    I'm in a black tuxedo with my collar full of starch.
      A♭7 **G7**   **E7**
She looks   as lovely as she's ever gonna get,
B7 A7   **E7**
    I wake up from this nightmare in a pool of sweat.

Chorus 3
Dsus2 C♯m7   **B7**   **A7**   **E7**
    Oh, no, no,no, no, not that again. Yeah, yeah, yeah.
Dsus2   **C♯m7**
I'm not going, I'm not going there.
B7   **A7**   **E7**
Love rears up its ugly head.
Dsus2   **C♯m7**
    No, not me. No, no, not me.
        B7   **A7**
When love rears up, baby, love rears up
     E7
It's ugly, ugly, ugly, ugly head.
Dsus2
    What you gonna do?
C♯m7   **N.C.**   **B7**   **A7 E7**| **B7 A7** | **E7** ‖
What you gonna do   when it comes and gets you?

Lovefool

Words & Music by
Peter Svensson & Nina Persson

Am   Dm   G   C   Cmaj7   C#dim   D#dim

E7   Amaj7   Dmaj7   Bm7   E13   F#m   A   Eaug

Intro | Am | Am |

Verse 1
Am   Dm
Dear, I fear we're facing a problem,
G   C
You love me no longer
  Cmaj7   Am   Dm   G
I know, and maybe there is nothing I can do,
            C   Cmaj7
To make you do.
Am   Dm
Mama tells me I __ shouldn't bother,
G   C   Cmaj7 Am
That I ought to stick to another man,
            Dm
A man that surely deserves me,
G   C   C#dim
  I think you do.
Dm   D#dim   E7
So I cry and I pray and I beg.

Chorus 1
Amaj7   Dmaj7
Love me, love me,
  Bm7   E13
Say that you love me.
Amaj7   Dmaj7
Fool me, fool me,
  Bm7   E13
Go on and fool me.

Amaj⁷ **Dmaj⁷**
Love me, love me,

  Bm⁷ **E¹³**
Pretend that you love me.

Amaj⁷ **Dmaj⁷**
Leave me, leave me.

  Bm⁷ **E¹³**
Just say that you need me.

F♯m **Bm⁷** **E¹³** **Amaj⁷**
 So I cry   and I beg for you to

Amaj⁷ **Dmaj⁷**
Love me, love me,

 Bm⁷ **E¹³**
Say that you love me,

Amaj⁷   **Dmaj⁷**
Leave me, leave me.

  Bm⁷ **E¹³**
Just say that you need me,

A **Dm**   **Eaug**   **Am**
I can't care about anything but you.

   Am   **Dm**
Verse 2 Lately I have desperately pondered,

G   **C**
Spent my nights awake and I wonder,

 Cmaj⁷ **Am**   **Dm**   **G**
What I could have done in another way

      C **Cmaj⁷**
To make you stay.

Am   **Dm**
Reason will not reach a solution,

G   **C**   **Cmaj⁷** **Am**
I will end up lost in confusion,

     Dm
I don't care if you really care

G   **C** **C♯dim**
As long as you don't go,

Dm **D♯dim** **E⁷**
So I cry and I pray and I beg.

Chorus 2

Amaj⁷   Dmaj⁷
Love me, love me,

  Bm⁷   E13
Say that you love me.

Amaj⁷   Dmaj⁷
Fool me, fool me,

  Bm⁷   E13
Go on and fool me.

Amaj⁷   Dmaj⁷
Love me, love me,

    Bm⁷   E13
I know that you need me.

Amaj⁷   Dmaj⁷
Leave me, leave me.

    Bm⁷   E13
Just say that you need me.

F♯m   Bm⁷ E13   Amaj⁷
  So I cry   and I beg for you to

Amaj⁷   Dmaj⁷
Love me, love me,

  Bm⁷   E13
Say that you love me,

Amaj⁷   Dmaj⁷
Leave me, leave me.

    Bm⁷   E13
Just say that you need me,

A   Dm   Eaug   Amaj⁷   Dmaj⁷
I don't care about anything but you,

Bm⁷ A   Amaj⁷ Dmaj⁷ | Bm⁷ E13 |
Any - thing but you.

Chorus 3

Amaj⁷   Dmaj⁷
Love me, love me,

  Bm⁷   E13
Say that you love me.

Amaj⁷   Dmaj⁷
Fool me, fool me,

  Bm⁷   E13
Go on and fool me.

Amaj⁷   Dmaj⁷
Love me, love me,

    Bm⁷   E13
Pretend that you love me.

A   Dm   Eaug   Am
I can't care about anything but you.

Man! I Feel Like A Woman!

Words & Music by
Shania Twain & R.J. Lange

A   D   G   E   C#m   F#m

fr4

Capo first fret

Intro | A | A | A | A | A | A ‖

Let's go girls!   Come on!

Verse 1
     A
I'm going out tonight, I'm feelin' alright,
            D A
Gonna let it all hang out. __

Wanna make some noise, really raise my voice,
            D A
Yeah, I wanna scream and shout. __

| A | A ‖

Verse 2
     A
No inhibitions, make no conditions,
         D A
Get a little outta line. __

I ain't gonna act politically correct,
           D A
I only wanna have a good time. __

Pre-chorus 1
  G
The best thing about being a woman
  A
Is the prerogative to have a little fun, and…

Chorus 1
  E
Oh, oh, oh, go totally crazy, forget I'm a lady,

Men's shirts, short skirts.

| | C#m   A   E |
| *cont.* | Oh, oh, oh, really go wild, yeah, doin' it in style, |

Oh, oh, oh, get in the action, feel the attraction,

Colour my hair, do what I dare.

        C#m   **A**   **F#m**
Oh, oh, oh, I wanna be free, yeah, to feel the way I feel,

N.C.
Man! I feel like a woman!

| **A** | **A** | **D** | ‖

        A
Verse 3   The girls need a break, tonight we're gonna take

                           D A
The chance to get out on the town. ___

We don't need romance, we only wanna dance,

                       D A
We're gonna let our hair hang down. ___

        G
Pre-chorus 2   The best thing about being a woman

        A
Is the prerogative to have a little fun, and…

        E
Chorus 2   Oh, oh, oh, go totally crazy, forget I'm a lady,

Men's shirts, short skirts.

        C#m   **A**   **E**
Oh, oh, oh, really go wild, yeah, doin' it in style,

Oh, oh, oh, get in the action, feel the attraction,

Colour my hair, do what I dare.

        C#m   **A**   **F#m**
Oh, oh, oh, I wanna be free, yeah, to feel the way I feel,

N.C.
Man! I feel like a woman!

Guitar solo ‖: **G** | **D** | **A** | **A**   :‖

98

G

Pre-chorus 3   The best thing about being a woman

A

Is the prerogative to have a little fun, fun, fun…

E

Chorus 3   Oh, oh, oh, go totally crazy, forget I'm a lady,

Men's shirts, short skirts.
      C♯m   **A**   **E**
Oh, oh, oh, really go wild, yeah, doin' it in style,

Oh, oh, oh, get in the action, feel the attraction,

Colour my hair, do what I dare.
      C♯m   **A**   **F♯m**
Oh, oh, oh, I wanna be free, yeah, to feel the way I feel,
N.C.
Man! I feel like a woman!

Outro | **A**　　| **A**　　| **G**　　| **D**　　　　|
                                   Oh, _ oh, yeah, yeah.

A

I get totally crazy,

G

Can you feel it?

D   **A** | **A** | **G** |
Come, come, come on baby,

D   **A**

I feel like a woman.

Mmm Mmm Mmm Mmm

Words & Music by
Brad Roberts

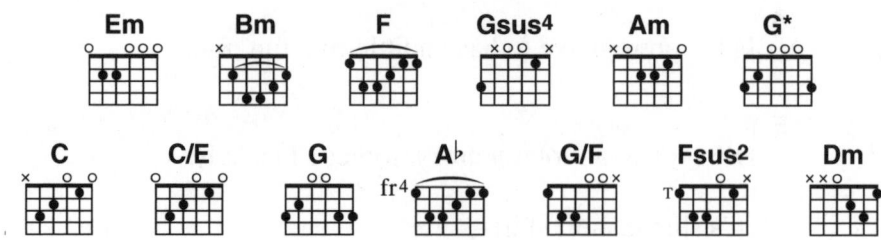

Capo third fret

Intro | Em Bm | Em Bm | F Gsus4 | F Gsus4 |

Verse 1
```
Am   G*              C
Once   there was this kid who
F         C           G            C
Got into an accident and couldn't come to school.
    F             G   C
But when he finally came back
G  C  F             C          G
His hair,   had turned from black into bright white.
      A♭            C
He said that it was from when
      A♭                    G/F  F
The cars had smashed him so   hard.
```

Chorus 1
```
Em         Bm
Mmm Mmm Mmm Mmm
Em         Bm            | Fsus2 Gsus4 | Fsus2 Gsus4 |
Mmm Mmm Mmm Mmm.
```

Verse 2
```
Am   G*            C  C/E
Once   there was this girl who
F           C            G          C
Wouldn't go and change with the girls in the change room.
   F            G   C
And when they finally made her
G  C  F            C         G
They saw   birthmarks all over her body.
      A♭             C
She couldn't quite explain it,
      A♭           G/F  F
They'd always just been there.
```

Chorus 2

Em   Bm
‖: Mmm Mmm Mmm Mmm

Em   Bm | Fsus² Gsus⁴ | Fsus² Gsus⁴ :‖
Mmm Mmm Mmm Mmm

Middle

Dm   C G
But both girl and boy were glad

Dm   C   G   Fsus²
'Cause one kid had it worse than that.

Verse 3

              Am G*   C
'Cause then   there was this boy whose

F   C   G   C
Parents made him come directly home right after school.

          F   G C
Well, and when they went to their church

G   C   F   C   G
They shook   and lurched all over the church floor.

     A♭   C
He couldn't quite explain it,

        A♭   G/F F
They'd always just gone there.

Chorus 3   As Chorus 2

Outro

Dm   C G
Aah, aah, aah, aah.

Dm   C G
Aah, aah, aah, aah.

| Fsus² | C |

Dm   C G
Aah, aah, aah, aah.

Dm   C G
Aah, aah, aah, aah.

| Fsus² | C/E ‖: Dm | C G | Dm | C G | Fsus² | C |

               | Dm | C G | Dm | C G | Fsus² | C/E :‖

Repeat to fade

More Than Words

Words & Music by
Nuno Bettencourt & Gary Cherone

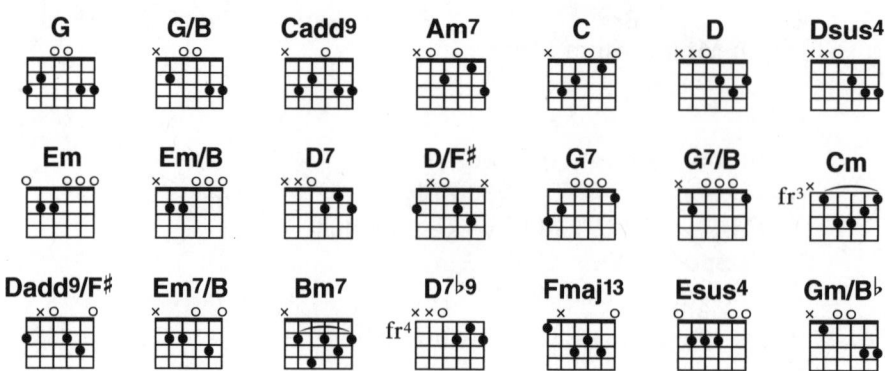

Tune guitar down a semitone

Intro

‖: G G/B | Cadd9 | Am7 | C D Dsus4 :‖

Verse 1

G G/B   Cadd9
    Saying I love you

Am7
Is not the words

  C   D   Dsus4 G
I want to hear from   you.

G/B   Cadd9
It's not that I   want you,

Am7
   Not to say

    C   D   Dsus4 Em
But if you on - ly   knew

Em/B Am7 D7
   How easy it would be

 G   D/F♯   Em
To show me how you feel.

Pre-chorus 1

Em/B   Am7
   More than words

D7   G7
Is all I have to do

  G7/B   C
To make it real,

cont.

        Cm   **G**
Then you wouldn't have to say

          Em Em/B Em
That you love me_____

      Am⁷ D⁷   **G G/B**
'Cause I'd already know.

Chorus 1

       G   G/B   **D/F♯**   **Dadd⁹/F♯**
What would you do_____

D/F♯ Dadd⁹/F♯ Em Em/B Bm⁷   **C**
If   my   heart was   torn in two?

                 Em⁷/B Am⁷
More than words to show you   feel

         D⁷   **G**
That your love for me is real.

G/B   **G**   **G/B**   **D/F♯**   **Dadd⁹/F♯**
      What would you say_____

D/F♯ Dadd⁹/F♯ Em Em/B Bm⁷   **C**
If   I   took those words away?

                   Em⁷/B Am⁷
Then you couldn't make things new

       D⁷   **G**   **G/B** │**Cadd⁹**│ **Am⁷**│
Just by saying I love you._____

C D   **Dsus⁴**│**G G/B** │ **Cadd⁹** │ **Am⁷**│**D⁷**   ‖
   More than   words.

Verse 2

G G/B   **Cadd⁹**
      Now that I've tried to

Am⁷
  Talk to you

      C   **D Dsus⁴ G**
And make you under - stand.

G/B   **Cadd⁹**
  All you have to do

  Am⁷
Is close your eyes

      C   **D Dsus⁴ Em**
And just reach out your   hand

Em/B Am⁷
     And touch me

D⁷
Hold me close,

     G   **D/F♯**   **Em**
Don't ever let me go.

Pre-chorus 2

     N.C.   **Am7**
More than words

    D7
Is all I ever

G7   **G7/B**   **C**
Needed you to show,

           Cm   **G**
Then you wouldn't have to say

          Em **Em/B** **Em**
That you love me _____

         Am7 **D7** **D7♭9** **G** **G/B**
'Cause I'd already   know.

Chorus 2

       G   **G/B**   **D/F♯**   **Dadd9/F♯**
What would you do_____

D/F♯ **Dadd9/F♯** **Em** **Em/B** **Bm7**   **C**
If   my   heart was   torn in two?

                    Em7/B **Am7**
More than words to show you   feel

          D7   **G**
That your love for me is real.

G/B   **G**   **G/B**   **D/F♯**   **Dadd9/F♯**
    What would you say_____

D/F♯ **Dadd9/F♯** **Em** **Em/B** **Bm7**   **C**
If   I   took those words away

                   Em7/B **Am7**
Then you couldn't make things new

       D7   **G** **G/B**│**Cadd9**│**Am7**│
Just by saying I love you._____

                          x3
‖: **C D**   **Dsus4**│**G** **G/B**│**Cadd9**│**Am7** :‖
   More than   words._____

C D   **Dsus4**│**G**│**Dadd9/F♯**│**Fmaj13**│**Esus4**│**Am7**│**D7** │
   More than   words,_____

D7   **G** **Cadd9** **G/B** **Gm/B♭** **Am7** **G**
   More than words._____

Mr. Jones

Words & Music by Adam Duritz, David Bryson,
Matthew Malley, Steve Bowman & Charles Gillingham

| Am | F | Dm | G | Gsus4 | Fsus2 | Fmaj7 |

Intro | Am | F | Dm | G | Am | F | G | G |

Verse 1

Am   F
I was down at the New Amsterdam

Dm   G
Staring at this yellow-haired girl,

  Am   F   G
Mr. Jones strikes up a conversation with a black-haired flamenco dancer.

              Am   F   Dm
You know she dances while his father plays guitar

                    G
She's suddenly beautiful.

              Am   F
And we all want something beautiful

G
    Man, I wish I was beautiful.

Verse 2

        Am   F
So come dance this silence down through the morning,

Dm   G   Am   F
    Sha la la la la la la la, yeah.

G
    Uh huh, yeah.

Am   F
    Cut up, Maria!

Dm   G   Am
    Show me some of them Spanish dances, and

              F   G
Pass me a bottle, Mr. Jones.

Am   F
    Believe in me,

Dm   G
    Help me believe in anything,

          Am   F   G
'Cause I wanna be someone who believes, yeah.

Chorus 1

```
      C    F         G                        Gsus4
      Mr. Jones and me    tell each other fairy tales
      G   C                       F          Fsus2
      And we stare at the beautiful women.
       F    G                                        C
      "She's looking at you. Ah no, no, she's looking at me."
                     F          Fsus2  F
      Smiling in the bright lights,
      G                        Gsus4
         Coming through in stereo.
      G    C            Fsus2  F   G
      When everybody loves  you,    you can never be lonely.
```

Verse 3

```
             Am                  F
      Well I'm gonna paint my picture,
      Dm             G                       Am
         Paint myself in blue and red and black and grey,
                        F          G
      All of the beautiful colours are very, very meaningful.
                       Am                 F
      Yeah well you know grey is my favourite colour,
       Dm        G
      I    felt so symbolic, yesterday,
      Am             F
         If I knew Picasso,
            G                        C
      I would buy myself a grey guitar and play.
```

Chorus 2

```
        F          G                   Gsus4
      Mr. Jones and me    look into the future,
      G    C                       F          Fsus2
      Yeah, we stare at the beautiful women,
       F    G                                          C
      "She's looking at you. I don't think so. She's looking at me."
                     F          Fsus2  F
      Standing in the spotlight,
      G                        Gsus4
         I bought myself a grey guitar.
      G    C       F    G                     Am
      When everybody loves me,    I will never be lonely.
```

                              Fmaj7
Middle   I will never be lonely,
                              Am   **G**
              Said I'm never gonna be, lonely.

              Am
                I wanna be a lion,
              Fmaj7
              And everybody wants to pass as cats,
              Am
                We all want to be big, big stars, yeah but
              G
                We got different reasons for that.
              Am   **Fmaj7**
                Believe in me, because I don't believe in anything
                    Am   **G**
              And I, I wanna be someone to believe,   to believe, to believe, yeah.

              C   **F**   **G**   **Gsus4**
Chorus 3   Mr. Jones and me   stumbling through the barrio
              G   **C**   **F**
              Yeah, we stare at the beautiful women,
                        G   **C**
              "She's perfect for you, man, there's got to be somebody for me."
                              F   **Fsus2**
              I want to be Bob Dylan,
              F **G**   **Gsus4 G**
              Mr. Jones wishes he was someone just a little more   funky
              C   **F**   **Fsus2 F G**
              And then everybody loves you,   oh son,

              That's just about as funky as you can be.

              C   **F**   **Fsus2 F Gsus4 G**   **Gsus4**
Chorus 4   Mr. Jones and   me   staring at the video,
              G   **C**   **F**   **Fsus2 F**   **G**
              When I look at the television I   want to see me staring

              Right back at me.
              C   **F** **Fsus2 F**   **G**
                We all want to be big stars,   but we don't know why and we

              Don't know how
                        C   **F**   **Fsus2**
              But when everybody loves me
              F   **G**
              I wanna be just about as happy as I can be.
              C   **F**   **G**
                Mr. Jones and me: we're gonna be big stars.

The Most Beautiful Girl In The World

Words & Music by Prince

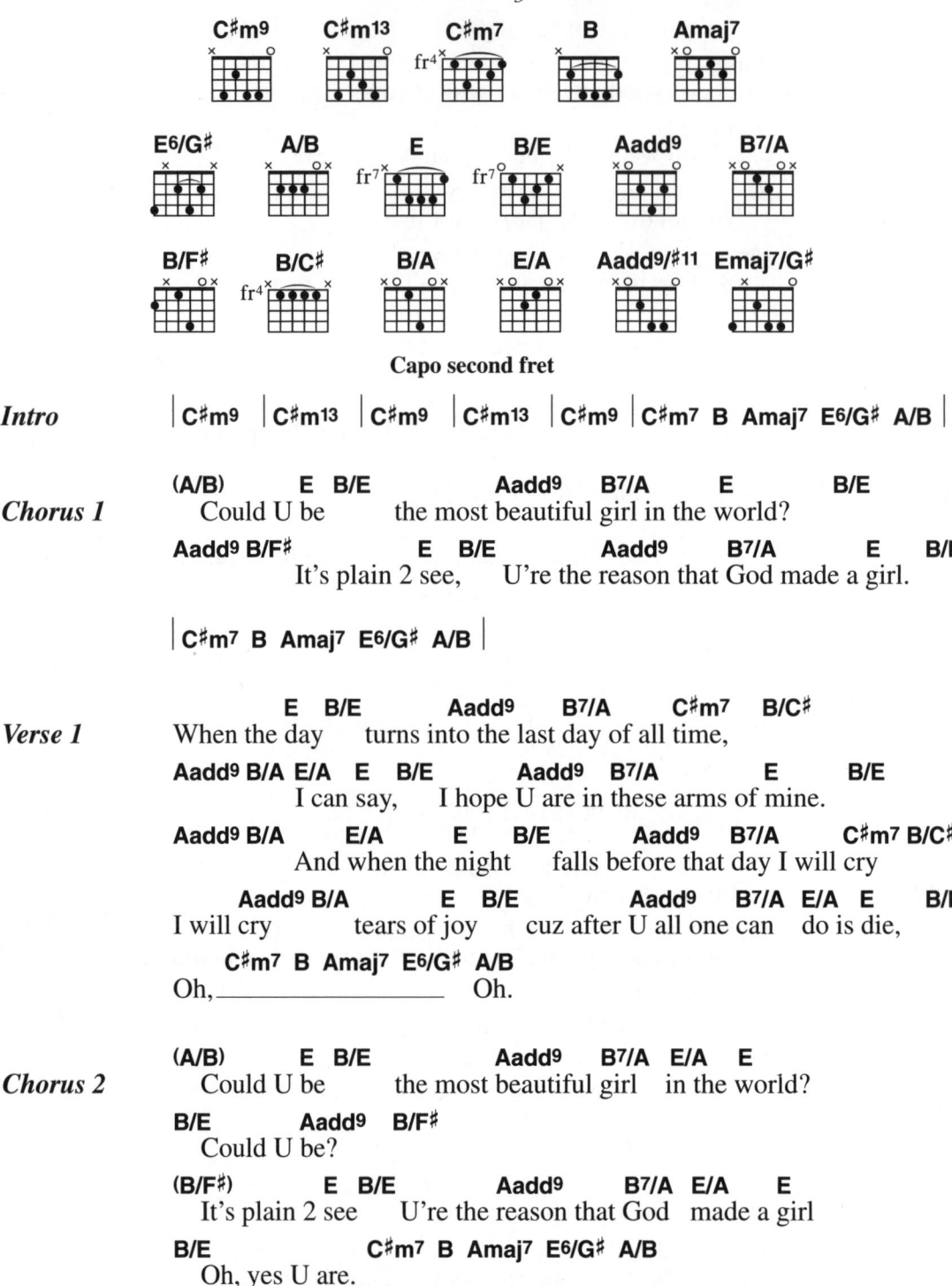

Capo second fret

Intro | C#m9 | C#m13 | C#m9 | C#m13 | C#m9 | C#m7 B Amaj7 E6/G# A/B |

Chorus 1

(A/B)   E B/E   Aadd9 B7/A   E   B/E
Could U be   the most beautiful girl in the world?

Aadd9 B/F#   E B/E   Aadd9 B7/A   E   B/E
    It's plain 2 see,   U're the reason that God made a girl.

| C#m7 B Amaj7 E6/G# A/B |

Verse 1

     E B/E   Aadd9   B7/A   C#m7 B/C#
When the day   turns into the last day of all time,

Aadd9 B/A E/A E B/E   Aadd9 B7/A   E   B/E
    I can say,   I hope U are in these arms of mine.

Aadd9 B/A   E/A   E   B/E   Aadd9 B7/A   C#m7 B/C#
    And when the night   falls before that day I will cry

    Aadd9 B/A   E B/E   Aadd9   B7/A E/A E   B/E
I will cry   tears of joy   cuz after U all one can do is die,

    C#m7 B Amaj7 E6/G# A/B
Oh,——————   Oh.

Chorus 2

(A/B)   E B/E   Aadd9   B7/A E/A E
Could U be   the most beautiful girl   in the world?

B/E   Aadd9   B/F#
Could U be?

(B/F#)   E B/E   Aadd9   B7/A E/A   E
It's plain 2 see   U're the reason that God made a girl

B/E   C#m7 B Amaj7 E6/G# A/B
Oh, yes U are.

Verse 2

  E B/E   **Aadd⁹** **B⁷/A**   **C♯m⁷ B/C♯**

How can I get through days when I can't get through hours?

Aadd⁹ **E B/E**   **B⁷/A**   **E** **B/E**

  I can try but when I do I see U and I'm devoured, oh yes.

Aadd⁹ B⁷/A   **E**   **B/E Aadd⁹** **B⁷/A** **C♯m⁷ B/C♯**

    Who'd allow, who'd allow a face 2 be soft as a flower?

     Aadd⁹

Oh.

   E B/E   **Aadd⁹** **B⁷/A E/A** **E**

I could bow and feel proud in the light of this power

B/E **C♯m⁷** **B** **Amaj⁷** **E⁶/G♯** **A/B**

  Oh,   yeah,   oh.

Chorus 3 As Chorus 2

Middle

     C♯m⁹   **C♯m¹³**

And if the stars ever fell one by one from the sky,

    C♯m⁹   **C♯m¹³**

I know Mars could not be, uh, 2 far behind.

      Aadd⁹/♯11   **Emaj⁷/G♯**

Cuz baby, this kind of beauty has got no reason 2 ever be shy.

      C♯m⁷ B   **Amaj⁷ E⁶/G♯**

Cuz honey, this kind of beauty,

     A/B

The kind that comes from inside.

Chorus 4

      N.C.

Could U be (could U be) the most beautiful girl in the world?

So beautiful, beautiful

                 C♯m⁷ B

It's plain 2 see (plain 2 see) U're the reason that God made a girl

Amaj⁷ **E⁶/G♯** **A/B**

Oh,_____ oh.

Chorus 5 As Chorus 2 *to fade*

Movin' On Up

Words & Music by
Bobby Gillespie, Robert Young & Andrew Innes

G   C   F   D   Am   E♭

Capo fifth fret

Intro

‖: G | G C F C | G | G C F C :‖ G | G C F C |

Verse 1

G C F C G   C   F C G
    I was blind, now I can see,

C   F   C G   C F C G
You made a believer, out of me.

C F C   D   G   D   C
    I was blind, now I can see,

C   F   C G   C F C G
You made a believer, out of me.

Chorus 1

    C F C   D
I'm movin' on up now,

          C
Gettin' out of the darkness.

        Am
My light shines on,

        C
My light shines on,

        G | G C F C |
My light shines on.

Verse 2

G C F C G C F   C G
    I was lost,   now I'm found,

C F   C G C   F C G
I believe in you, I've got no bounds.

C F C   D G D   C
    I was lost,   now I'm found,

F   C   G C F C G
I believe in you,   I got no bounds.

			D		G D	
Chorus 2		I'm movin' on up now,				

                    D   **G D**

Chorus 2   I'm movin' on up   now,

                    G D C   **F C**

     Gettin' out of the darkness.

                 F C Am

     My light shines on,

                    C

     My light shines on,

               F C G | **G C F C** |

     My light shines on,

     C   **F C G** | **G C F C** |

      My light shines on,

     C   **F C G**

      My light shines on.

Instrumental ‖: **G** | **G** | **F** | **F** | **E♭** | **E♭** | **C** | **C**   :‖

                  ‖: **G** | **G C F C** | **G** | **G C F C** :‖

                  G   **F**

Outro   ‖:   My light shines on,

            E♭   **C**

      My light shines on.   :‖

              G

     ‖: I'm getting outta darkness,

      F

     My light shines on.

       E♭

     I'm getting outta darkness,

        C

     Your light shines on.   :‖   *Repeat to fade*

Mulder And Scully

Words & Music by
Cerys Matthews, Mark Roberts, Aled Richards, Paul Jones & Owen Powell

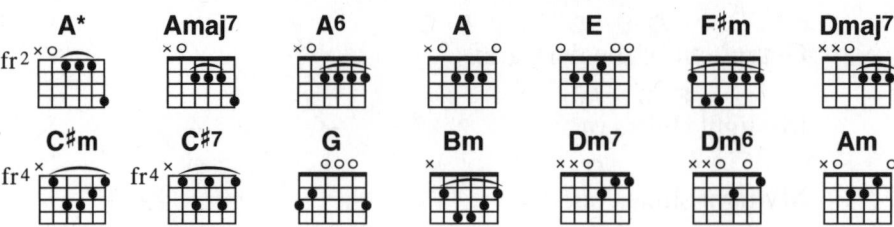

Intro | A* Amaj7 A6 ‖

Verse 1

A   E
I'd rather be liberated,   I find myself captivated,

F#m   E
Stop doing what you___ keep doing it too.

A   E
I'd rather stay bold and lonely,   I dream I'm your one and only,

F#m   E
Stop doing what you___ keep doing it too.

Chorus 1

Dmaj7   F#m
Things are getting strange, I'm starting to worry,

C#m   C#7
This could be a case for Mulder and Scully.

Dmaj7   F#m   G   Bm
Things are getting strange, now I can't sleep alone.

Link | E | E A* Amaj7 A6 ‖

Verse 2
       A   **E**
I'd rather be jumping ship,   I find myself jumping straight in,

F#m   **E**
Stop doing what you___ keep doing it too.

A   **E**
Forever be dozy and dim,   I wake myself thinking of him,

F#m   **E**
Stop doing what you___ keep doing it too.

Chorus 2
Dmaj7   **F#m**
Things are getting strange, I'm starting to worry

C#m   **C#7**
This could be a case for Mulder and Scully.

Dmaj7   **F#m**   **C#m C#7**
Things are getting strange, now I can't sleep alone   here.

Bridge
                       Dmaj7   **Dm7**
My bed is made for two and there's nothing I can do

                     Dm6   **Am**
So tell me something I don't know

                     Dmaj7   **Dm7**
If my head is full of you is there nothing I can do?

                     Dm6   **Am**   **E**
Must we all march in two by two by two?

Verse 3
   A   E   F♯m

And as for some happy ending, I'd rather stay single and thin,

                       E

Stop doing what you___ keep doing to me.

Chorus 3
Dmaj⁷

Things are getting strange, I'm starting to worry,

C♯m   **C♯7**

This could be a case for Mulder and Scully.

Dmaj⁷   **F♯m**   **C♯m** **C♯7**

Things are getting strange, now I can't sleep alone here.

Chorus 4
Dmaj⁷   **F♯m**

Things are getting strange, I'm starting to worry,

C♯m   **C♯7**

This could be a case for Mulder and Scully.

Dmaj⁷   **F♯m**   **G**   **Bm**

Things are getting strange, now I can't sleep alone.

Coda
                                    E

So what have you got to say about that?

And what does someone do without love?

And what does someone do with love?

And what have you got to say about that?

‖: E | E | E | E   :‖ *Repeat to fade*

No Matter What

Music by Andrew Lloyd Webber
Words by Jim Steinman

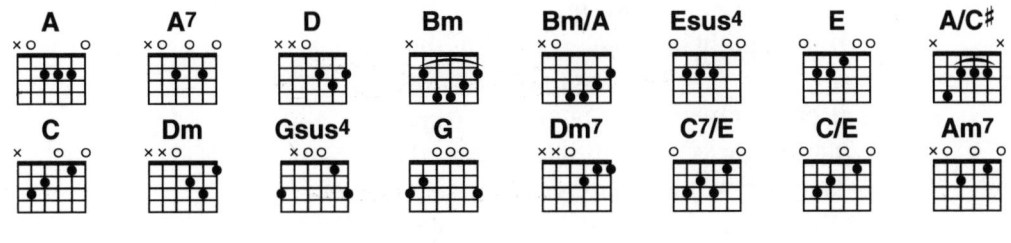

Intro | A | A⁷ | D | D |
| D | D | Bm | A ‖

Verse 1
> **A**
> No matter what they tell us,
>
> **Bm/A**
> No matter what they do,
>
> **Bm**   **Esus⁴**   **E**
> No matter what they teach us,
>
> **Esus⁴**   **E**   **A**
> What we believe is true.

Verse 2
> **A**
> No matter what they call us,
>
> **Bm/A**
> However they attack,
>
> **Bm**   **Esus⁴**   **E**
> No matter where they take us,
>
> **Esus⁴**   **E**   **A**
> We'll find our own way back.

Chorus 1
> **A**   **A⁷**
> I can't deny what I believe,
>
> **D**   **A/C♯**
> I can't be what I'm not,
>
> **Bm**   **Esus⁴ E**
> I know our love's forev - er
>
> **Esus⁴ E**   **A**
> I know no matter what.

Verse 3

A
If only tears were laughter,

          Bm/A
If only night was day

Bm   **Esus4**   **E**
If only prayers were answered

Esus4   **E**   **A**
Then we would hear God say.

Verse 4

A
No matter what they tell you,

          Bm/A
No matter what they do,

Bm   **Esus4 E**
No matter what they teach   you,

Esus4   **E**   **A**
What you believe is true.

Chorus 2

A   **A7**
And I will keep you safe and strong,

    D   **A/C♯**
And sheltered from the storm.

Bm   **Esus4**   **E**
No matter where it's bar - ren

Esus4   **E**   **A**
Our dream is being born.

Instr

| C | C | C | Dm |

| Dm | Gsus4 G | Gsus4 G | C ||

Verse 5

C
No matter who they follow,

          Dm7
No matter where they lead,

Dm   **Gsus4**   **G**
No matter how they judge us,

Gsus4   **G**   **C**
I'll be everyone you need.

Chorus 3

C   C7/E
No matter if the sun don't shine

F   C/E
Or if the skies are blue,

Dm   Gsus4   G
No matter what the end - ing

Gsus4   G   C
My life began with you.

Chorus 4

C   C7/E
I can't deny what I believe,

F   C/E
I can't be what I'm not.

Dm   Gsus4   G
I know this love's forever

Gsus4   G   C
That's all that matters now

              C   Am7
No matter what.

Coda

G   C   Am7
No, no matter what

G   C   Am7
No, no matter what

C
No, no matter,

Am7   G   C
That's all that matters to me. *Repeat to fade*

1979

Words & Music by
Billy Corgan

Emaj7   E   A   F#m7   B   Amaj7   F#   C#m

Tune guitar down one semitone

Intro
| Emaj7 | E | A | A | Emaj7 | E ||

Verse 1

  A   Emaj7   E
Shakedown nineteen seven nine,

  A   Emaj7   E
Cool kids never have the time.

        A   F#m7
On a live wire right up off the street

       B
You and I should meet.

Verse 2

  A   Emaj7   E
Junebug skipping like a stone

  A   Emaj7   E
With the headlights pointed at the dawn.

  A
We were sure we'd never see

    F#m7   B
An end to it all.

Chorus 1

      E   Emaj7 Amaj7   E
And I don't even   care to shake these zipper blues,

     Emaj7   Amaj7   E
And we don't know just where our bones will rest

  Emaj7   Amaj7
To dust I   guess,

             F#m7   B   E
Forgotten and absorbed into the earth below.

Link
| Emaj7 | E | A | A | Emaj7 | E ||

Verse 3

A   Emaj⁷   E
Double cross the vacant and the bored,

A   Emaj⁷   E
They're not sure just what we have in store.

A   F♯m⁷   A
Morphine city slippin' dues down to see:

Chorus 2

       E   Emaj⁷ Amaj⁷   E
That we don't even   care as restless as we are,

     Emaj⁷ Amaj⁷   E
We feel the pull in the land of a thousand guilts.

      Emaj⁷   Amaj⁷
And poured cement,

                 B
Lamented and assured.

Bridge

                C♯m   A
To the lights and town below,

B   C♯m   B
Faster than the speed of sound,

B   C♯m   A   F♯m⁷   B
Faster than we thought we'd go beneath the sound of hope.

Verse 4

A   Emaj⁷   E
Justine never knew the rules,

A   Emaj⁷   E
Hung down with the freaks and ghouls.

       A   Emaj⁷   E
No apologies ever need be made,

E   F♯m⁷   B
I know better than you fake it to see:

Chorus 3

       E   Emaj⁷ Amaj⁷   E
That we don't even   care to shake these zipper blues,

     Emaj⁷   Amaj⁷   E
And we don't know just where our bones will rest

     Emaj⁷ Amaj⁷
To dust I   guess,

                F♯m⁷   B   Emaj⁷   E
Forgotten and absorbed into the earth below.

Coda

A   Emaj⁷   E
The street heats the urgency of now.

A   E
As you see there's no-one around.

Nothing Compares 2 U

Words & Music by
Prince

| F | C/E | Dm7 | Gm/C | A7 | E♭ | B♭ | C |

Intro
| F | F | |

Verse 1

F   C/E
It's been seven hours and fifteen days
Dm7   F   Gm/C
Since U took your love away.
F   C/E
I go out every night and sleep all day
Dm7   F   Gm/C
Since U took your love away.
F   C/E
Since U been gone I can do whatever I want,
Dm7   F   Gm/C
I can see whomever I choose.

Chorus 1

F   C/E
I can eat my dinner in a fancy restaurant
     Dm7
But nothing,
                  A7
I said nothing can take away these blues,
       E♭   B♭
'Cause nothing compares,
E♭   B♭   C
Nothing compares 2 U. ____

Verse 2

F   C/E
It's been so lonely without U here
Dm7   F   Gm/C
Like a bird without a song.
F   C/E
Nothing can stop these lonely tears from falling,
       Dm7   B♭
Tell me baby where did I go wrong?

cont.

F
I could put my arms

        C/E
Around every boy I see

Dm7   **F**   **Gm/C**
But they'd only remind me of U.

Chorus 2

F   **C/E**
I went 2 the doctor guess what he told me

Guess what he told me?

        Dm7
He said "Girl U better try 2 have fun

        A7
No matter what U do."

But he's a fool

        E♭   **B♭**
'Cause nothing compares

Dm7   **C**
Nothing compares 2 U.

Instrumental ‖: **F** | **C/E** | **Dm7** | **F**   **Gm/C** :‖

Verse 3

F
All the flowers that U planted, mama

C/E
In the back yard,

Dm7   **F**   **Gm/C**
All died when U went away.

Chorus 3

F   **C/E**
I know that living with U, baby, was sometimes hard

Dm7   **A7**
But I'm willing 2 give it another try.

        E♭   **B♭**
‖: Nothing compares,

    Dm7   **C**   *x3*
Nothing compares 2 U. :‖

Outro   ‖: **E♭** **B♭** | **Dm7** **C** | **C** :‖   *Repeat to fade*

North Country Boy

Words & Music by
Tim Burgess, Martin Blunt, Mark Collins, Rob Collins & Jonathan Brookes

A   D/A   F#m   E   D

C   Bm   Esus4   G   A7

Intro

‖: A   D/A A   A │ A   D/A A   A │ A   D/A A   A │ A   D/A A   A :‖

Verse 1

A D/A   A   D/A
Hey country boy,

A D/A   A   D/A
Hey country boy,

             A
What are you sad about?

    D/A   A
Everyday you make the sun come out,

F#m   E
   Even in the pouring rain

        D
I'll come to see you,

            D   C
And I'll save you, I'll save you.

Link 1

│ A   D/A │ A   D/A │

Verse 2

           A   D/A
What do you care about?

        A
And she said "this and that".

D/A   A
  What do I mean to you?

   D/A   A
I'll show you if you want the truth.

F#m   E
  I can't remember,

         D
I don't know how to tell you,

        D C
But I love you just the same.

Link 2 | A   D/A | A   D/A |

Chorus 1

       Bm
How many eyes must a young girl have?

           Esus4
I know she makes you cry,

          E
I know she makes you laugh,

      F♯m
I'll be good to you if I could I'd make you happy,

G
If I had a son I'd be good to my daddy

      Bm
Who loves you though I bet it's not the same

   E   **G**   **A**   **D/A** | **A**   **D/A** |
As your north country boy.

Verse 3

A D/A   **A**
Hey country boy,

D/A   **A**
  What are you sad about?

D/A   **A**
I think we'll work it out.

F♯m   **E**
  Even in the morning rain,

            D
He'll come to see you,

              D C
Hope your feelings are the same.

Link 3 | A   D/A | A   D/A |

Chorus 2

       Bm
How many ears must a young girl have?

           Esus4
I know she hears you cry,

          E
I know she hears you laugh,

F♯m
Itchy and Scratchy come runnin' up the alley,

G
If you'll be good I'll be good to your daddy

      Bm
Who loves you, but I bet it's not the same

   E   **G**   **A**
As your north country boy.

Instrumental | (A) | A | A | A   ‖ A | D A | D A | D A |

| A | D A | D A | (D C) ‖

Verse 4
     D   C   A
      What do you care about
D/A   A
And she said "this and that"
D/A   A
   What do I mean to you?
D/A   A
I'll show you if you want the truth,
F♯m   E
  I threw it all away,

                 D
I don't know where I put it,
               D C
But I miss it all the same.

Link 3 | A   D/A | A   D/A |

Chorus 3
         Bm
How many eyes must a young girl have?
            Esus4
I know she makes you cry,
           E
I know she makes you laugh,
         F♯m
I'll be good to you if I could I'd make you happy,
G
If I'll be good, I'll be good to your daddy
        Bm
Who loves you but I bet it's not the same
   E   G   A7
As your north country boy.

Intro   ‖: (A7) | A7 | A7 | A7   :‖   *Repeat to fade*

One

Words & Music by
U2

| Am | D | Fmaj7 | G | C |

Intro | Am | D | Fmaj7 | G ‖

Verse 1

Am   D
Is it getting better,
Fmaj7   G
Or do you feel the same?
Am   D
Will it make it easier on you,
  Fmaj7   G
Now you got someone to blame?

Chorus 1

    C   Am
You say one love, one life,
Fmaj7   C
When it's one need in the night.
    Am
One love, we get to share it,
Fmaj7   C
Leaves you baby if you don't care for it.

| Am | D | Fmaj7 | G ‖

Verse 2

Am   D
Did I disappoint you,
Fmaj7   G
Or leave a bad taste in your mouth?
Am   D
You act like you never had love
Fmaj7   G
And you want me to go without.

Chorus 2

C   Am

Well it's too late tonight

Fmaj⁷   **C**

To drag the past out into the light.

                   Am

We're one, but we're not the same.

        Fmaj⁷   **C**

We get to carry each other, carry each other… one!

| Am | D | Fmaj7 | G ||

Verse 3

Am   **D**

Have you come here for forgiveness,

Fmaj⁷   **G**

Have you come to raise the dead?

Am   **D**

Have you come here to play Jesus

Fmaj⁷   **G**

To the lepers in your head?

Chorus 3

C   **Am**

Did I ask too much, more than a lot?

Fmaj⁷   **C**

You gave me nothing, now it's all I got.

                  Am

We're one, but we're not the same,

        Fmaj⁷   **C**

Well, we hurt each other, then we do it again.

Middle

                         Am

You say love is a temple, love a higher law:

    C   **Am**

Love is a temple, love the higher law.

     C   **G**

You ask me to enter, but then you make me crawl;

                  Fmaj⁷

And I can't be holding on to what you got,

                   C

When all you got is hurt.

Chorus 4

      C   **Am**
One love, one blood,

Fmaj⁷   **C**
One life, you got to do what you should.

           Am
One life, with each other,

Fmaj⁷   **C**
Sisters, brothers.

              Am
One life, but we're not the same,

        Fmaj⁷   **C**
We get to carry each other, carry each other.

Outro

      Am **Fmaj⁷** **C**
One,   one.

| **C** | **Am** | **Fmaj⁷** | **C** | |

    Am
Ooh, _____ oh,

Fmaj⁷   **C**   **Am**
Baby, baby, baby, ha, ____

   Fmaj⁷ **C** **Am**   **Fmaj⁷**   **C**
Ha, ___ ha, ___ ah, ___ ha. ___

One Way

Words & Music by
Jonathan Sevink, Charles Heather, Simon Friend, Jeremy Cunningham & Mark Chadwick

Bm   D   E5   A   G   G*   F

Chorus 1

           Bm D   E5   A   G
There's only one way of life, and that's your own,

    D   A
Your own, your own.

Instr. 1   ‖: D | D | F | G* :‖

Verse 1

        D
My father, when I was younger, took me up onto the hill

          F   G*
That looked down on the city smog above the factory spill.

              D
He said, "Now this is where I come when I want to be free."

          F   G*
Well he never was in his lifetime, but these words stuck with me. Hey!

Instr. 2   ‖: D | D | F | G* :‖

Verse 2

          D
And so I ran from all of this, and climbed the highest hill,

          F   G*
And I looked down onto my life above the factory spill,

          D
And I looked down onto my life as the family disgrace,

        F   G*
Then all my friends on the starting line their wages off to chase,

        F   G*
Yes, and all my friends and all their jobs and all the bloody waste.

Chorus 2

           Bm D   E5   A   G
There's only one way of life, and that's your own,

    D   A
Your own, your own,

           Bm D   E5   A   G
There's only one way of life, and that's your own,

    D   A
Your own, your own.

| *Instr. 3* | ‖: D | | D | | F | | G* | :‖ *Play 6 times* |

                    D

Verse 3   Well, well, well I grew up, learned to love and laugh,

                Circled as on the underpass,

                  F

                But the noise we thought would never stop,

                G*

                Died a death as the punks grew up.

                    D

                And we choked on our dreams, we wrestled with our fears,

                  F

                We're running through the heartless concrete streets,

                G*

                Chasing our ideas. Run!

| *Instr. 4* | ‖: D | | D | | F | | G* | :‖ |

                    D

Verse 4   And all the problems of this world won't be solved by this guitar

                  F   **G***

                And they won't stop coming either, by the life I've had so far.

                  D

                And the bright lights of my home town

                Won't be getting any dimmer,

                F   **G***

                Though their calling has receded like some old distant singer,

                F   **G***

                And they don't look so appealing to the eyes of this poor sinner.

Chorus 3   As Chorus 2

Chorus 4   As Chorus 2

                  Bm

                That's your own.

Parklife

Song by Damon Albarn
Music by Damon Albarn, Graham Coxon, Alex James & David Rowntree

E   A   Asus2   E5   B5   B♭5   G   C   A5

Intro   ‖: E | E   A   Asus2 :‖   *Play 6 times*

Verse 1

E
Confidence is a preference
               A   Asus2
For the habitual voyeur
     E   A   Asus2
Of what is known as parklife.

E
And morning soup can be avoided
          A   Asus2 E
If you take a route straight through
            A   Asus2
What is known as parklife.

E
John's got brewer's droop,
           A   Asus2 E
He gets intimidated by the dirty pigeons,
          A   Asus2
They love a bit of it, parklife.

E
Who's that gut lord marching,
         A   Asus2 E
You should cut down on your porklife, mate,
          A   Asus2
Get some exercise.

Chorus 1

E5 B♭5 B5
All the people,
E5 B♭5 B5
So many people,
     G
They all go hand in hand,
C   A5   B♭5 B5
Hand in hand through their parklife.

Instrumental | E | E   A   Asus² | E | E   A   E |

Verse 2
                         E
                I get up when I want
                                            A
                Except on Wednesday
                         Asus² E   A   Asus²
                When I get rudely awakened by the dustmen (parklife).
                         E
                I put my trousers on,
                                    A   Asus²
                Have a cup of tea
                             E   A   Asus²
                And I think about leaving the house (parklife).
                         E
                I feed the pigeons,
                                    A   Asus²
                I sometimes feed the sparrows too,
                         E   A   Asus²
                It gives me a sense of enormous well-being (parklife),
                         E
                And then I'm happy for the rest of the day,
                A   Asus²   E
                Safe in the knowledge that there will always be
                                            A   Asus²
                A bit of my heart devoted to it.

Chorus 2   As Chorus 1

                E   A   Asus² E   A   Asus²
                         Parklife,   (parklife),
                E   A   Asus² E   A   Asus²
                         Parklife,   (parklife).

                E
                It's got nothing to do with your
                                            A   Asus²
                Vorsprung durch technic, you know
                E
                And it's not about your joggers
                                            A   Asus²
                Who go round and round and round.

Chorus 3   As Chorus 1

                Repeat to fade

131

Regret

Words & Music by
Bernard Sumner, Peter Hook, Gillian Gilbert, Stephen Morris & Stephen Hague

C6/9   Am7   Fsus2   C   F

Cmaj7   F/B♭   B♭   B♭/C   Dm   Cadd9

Intro | C6/9 | C6/9 | Am7 | Am7 | Fsus2 | Fsus2 ‖ Am7 | Am7 |

| C | C | F | F | C | C | F | Am7 |

| F | Cmaj7 | F | Am7 | F | Cmaj7 ‖

Verse 1

F   F/B♭   B♭
Maybe I've forgotten the name and the address
         Fsus2 F
Of every - one I've ever known.
      F/B♭   B♭ B♭/C
It's nothing I regret,
Dm   Am7
Save it for another day,
         B♭   Cadd9
It's the school exam and the kids have run away.

Chorus 1

Am7
I would like a place I could call my own,
C
Have a conversation on the telephone,
F
Wake up every day that would be a start,
C
I would not complain of my wounded heart.

Middle 1

F   Am7
I was upset, you see,

F   Cmaj7
Almost all the time.

F   Am7
You used to be a stranger,

F   Cmaj7
Now you are mine.

Verse 2

    Fsus2   F
I wouldn't even trust you,

     F/B♭   B♭
I've not got much to give.

      Fsus2 F
We're dealing in the limits

     F/B♭   B♭   B♭/C
And we don't know who with.

Dm   Am7
You may think that I'm out of hand,

     B♭
That I'm naive, I'll understand.

     C   Am7
On this occasion, it's not true,

B♭   C
Look at me, I'm not you.

Chorus 2

Am7
I would like a place I could call my own,

C
Have a conversation on the telephone,

F
Wake up every day that would be a start,

C
I would not complain of my wounded heart.

Middle 2

F   Am7
I was a short fuse

F   Cmaj7
Burning all the time.

F   Am7
You were a complete stranger

F   Cmaj7
Now you are mine.

Instrumental ‖: Fsus2 F | F | F/B♭ B♭ | B♭ :‖

|Dm |Am7 |B♭ |B♭ |Cadd9 |Cadd9 |

Chorus 3

Am7
I would like a place I could call my own,

C
Have a conversation on the telephone,

F
Wake up every day that would be a start,

C
I would not complain of my wounded heart.

Outro

Am7   C
  Just wait till tomorrow

                          F
I guess that's what they all say

          C
Just before they fall apart.

x3

‖: F | Am7 | F | C :‖ Cadd9 ‖

Runaway

Words & Music by
Andrea Corr, Caroline Corr, Sharon Corr & Jim Corr

F   **Gm**   **B♭**   **Dm**   **C7**   **F/A**   **C**   **Fsus4**   **G**

Intro $^6_8$ **F** | **F** | **F** | **F**   ‖

Verse 1
     F   **Gm** **B♭**
Say it's true,
                          F   **Gm** **B♭**
There's nothing like me and you.
     F   **Gm** **B♭**
I'm not alone,
           F   **Gm** **B♭**
Tell me you feel it too.

Pre-chorus 1
                   Dm   **B♭**
And I would run away_____
         Gm   **C7**
I would run away, _____ yeah, yeah.
         Dm   **B♭**
I would runaway_____
         Gm   **C7** **B♭**
I would runaway with you.

Chorus 1
             F **Gm** **B♭**
'Cause I _____ have fallen in
 F   **Gm** **B♭**   **F**
Love _____ with you
     Gm   **B♭**
No, never -
                 F/A **Gm**   **B♭** **C** **F** **Fsus4** **F** **Fsus4**
I'm never gonna stop falling in love with you.

Verse 2
    F   **Gm** **B♭**
Close the door,

              F   **Gm**   **B♭**
Lay down upon the floor_____

      F   **Gm** **B♭**
And by candlelight,

             F   **Gm** **B♭**
Make love to me through the night.

              Dm   **B♭**
Pre-chorus 2 'Cause I have run away_____

    Gm   **C7**
I have runaway, yeah, yeah.

    Dm   **B♭**
I have runaway, runaway_____

    Gm   **C7** **B♭**
I have runaway with you.

Chorus 2   As Chorus 1

Link | **F** | **Gm** | **B♭** |

C   **F**   **Gm** **B♭** **C**
With you _____

           Dm   **B♭**
And I would runaway_____

    Gm   **C7**
I would runaway, yeah, yeah

    Dm   **Gm**
I would runaway_____

            C7 **B♭**
I would runaway with you.

Chorus 3

        F Gm B♭
'Cause I_____ have fallen in

F   Gm B♭   F
Love_____ with you

      Gm   B♭
No, never -

                  F/A Gm   B♭
I'm never gonna stop falling in love

C   F   Gm B♭
With you ____

            F Gm B♭   F
Falling in love _____ with you

      Gm   B♭
No, never -

                  F/A Gm   B♭
I'm never gonna stop falling in love

C   F G B♭
With (you).

Coda

      C   Dm G B♭
With you ____

      C   F   G B♭ C Dm G B♭
With you ____

      C   F   G B♭ C Dm G B♭
With you ____

      C   F
With you.   *to fade*

Scooby Snacks

Words & Music by
Huey Morgan, Brian Leiser, Steve Borgovini, Daniel Ash,
Kevin Haskins, Glenn Campling & Quentin Tarantino

Dm   A   C   G   D5   Fm   Em

Intro | Dm | Dm | Dm | Dm |

Dm
Everybody be cool, this is a robbery!

Any of you fucking pricks move,

And I'll execute every mother-fucking last one of you!

x4
‖: D5   A | C   G   A | D5   A | C   G   A :‖

D5
Verse 1   Me and Fast got the gats; we're out to rob a bank.

We got Steve outside carrying a full pack.

Now everything's cool and everything's smooth. (Hey that's smooth)

I walked up to the teller, I give her the letter,

She gives me the loot with puckered up lips

And a wink that I found cute, and I said, "baby, baby, baby"
Dm   **Fm**   **Em**
   (Is this some Kharmic-Chi love thing happening here baby or what.)
Dm
By that time Fast tapped me with the 9,
                   Fm   **Em**
He said it was time to blow, ya know. So out the door we go.
Dm   **Fm**   **Em**
Back to the ride with Steve inside and alive   and off we drive.
        Dm
You see, I hurt my lower lumbar,

cont. You know we'll never get far,

Fm   **Em**
Riding around in a stolen police car,

Dm
So we dropped it off and piled in a Caddy;

          Fm   **Em**   **Dm**
Steve was driving because I had to talk to my man about something.

Look, I don't know anything about any fucking set-up,

You can torture me all you want.

Torture you, that's good, that's a good idea, I like that one.

            D5   **A**   **C**
Chorus 1 ‖: Running around robbing banks
                 G   **A D5**   **A** | **C**   **G A**
            All wacked off of Scooby Snacks!   :‖

                   D5
Verse 2   Now, I don't give a fuck about the hell's gate,

Ain't punkin' the crowd man I'm still standing up straight.

So, we pull these jobs to make a little money;

No-one gets hurt if they don't act funny.
            Dm
On the way to the yacht, we almost got caught,
                  Fm   **Em**
Fast shooting mailboxes, not knowing where the cops is, yeah.
                  Dm
They're at the Dunkin' Donuts, adjacent from the Froman's
                 Fm   **Em**
Whose mailbox fast had just exploded.
Dm
They gave chase, but my man
                               Fm   **Em**
Steve is an ace; and we lost those brothers with haste.
            Dm   **Fm**   **Em**
We cast it off and along we went off Bermuda to an island resort we rented.
Dm
    Sonny, I need you cool, are you cool?

I am cool.

139

Chorus 2

D5   **A**   **C**
‖: Running around robbing banks

     G   **A D5**   **A** |**C**   **G A**
All wacked off of Scooby Snacks!   :‖

Chorus 3

D5   **A**   **C**
Running around robbing banks

     G   **A D5**   **A** |**C**   **G A** |
All wacked off of Scooby Snacks!

D5   **A**   **C**
Running around robbing banks

     G   **A D5**   **A** |**C**   **G A** |**D5**   ‖
All wacked off of Scooby Snacks!

Shine On

Words & Music by
Guy Chadwick

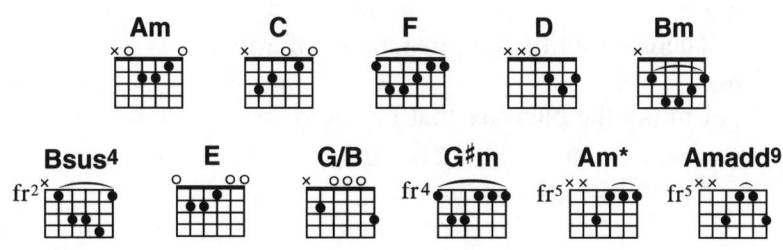

Intro

|Am |C F |Am |C F |Am |C F |Am |D |C |C ‖

Verse 1

Am   C   F
In a garden in the house of love,

Am   C   F
Sitting lonely on a plastic chair.

Am   C   F
The sun is cruel when he hides away,

Am   D   C
I need a sister,   I'll just stay.

Verse 2

Am   C F
A little girl, a little guy,

Am   C F
In a church or in a school.

Am   C   F
Little Jesus, are you watching me?

Am   D   C
I'm so young,   just eighteen.

Chorus 1

Am F   C   Am
She, she, she, she shine on,

F   C   Am
She, she, she shine on,

F   C   G
She, she, she shine on.

Verse 3

```
Am                    C        F
    In a garden in the house of love,
Am                          C      F
    There's nothing real, just a coat of arms.
Am                          C      F
    I'm not the pleasure that I used to be,
Am           D        C
    So young,   just eighteen.
```

Chorus 2

```
Am  F      C         Am
She, she, she, she shine on,
F        C        Am
She, she, she shine on,
F        C        G
She, she, she shine on.
```

Middle

```
Bm       G         A           Bm    Bsus4
    I don't know why I dream this way,
Bm           D        G              A
    The sky is purple and things are right every day.
Bm      G                  A           Bm       Bsus4
    I don't know, it's just this world's so far away,
Bm          D              G
    But I won't fight and I won't hate,
        E
Well, not today.
```

Instrumental | Am | F C | Am | F C | Am | F C | G | G   ‖

Verse 4

```
Am                    C        F
    In a garden in the house of love,
Am                      C      F
    Sitting lonely on a plastic chair.
Am                          C      F
    The sun is cruel when he hides away,
Am               D         C  G/B
    I need a sister,    I'll just stay.
```

Chorus 3   As Chorus 1

Chorus 4   As Chorus 1

142

Chorus 5

Am F   C   Am
She, she, she, she shine on,

F   C   Am
She, she, she shine on,

F   C   G
She, she, she shine on.

     G♯m   Am* Amadd9
And on, and on.

Outro

Am*   Amadd9
Shine, shine,

| Am* | Am* | Amadd9 | Amadd9 | |

Am*
Shine.

Sit Down

Words & Music by
Tim Booth, Larry Gott, Jim Glennie & Gavan Whelan

E   Asus²   Bsus⁴   Asus²/E   Bsus⁴/E   E⁵   E⁵/A

Intro ‖: E | E | Asus² | Bsus⁴ :‖

Verse 1

        E   Asus²   Bsus⁴
I'll sing myself to sleep, a song from the darkest hour.

        E   Asus²   Bsus⁴
Secret's I can't keep inside all the day.

        E   Asus²   Bsus⁴
Swing from high to deep, extremes of sweet and sour.

        E   Asus² Bsus⁴
Hope that God exists, I hope, I pray.

Bridge

        E
Drawn by the undertow,

         Asus²/E   Bsus⁴/E
My life is out of control.

        E   Asus²
I believe this wave will bear my weight,

           Bsus⁴
So let it flow.

Chorus 1

          E
Oh sit down, oh sit down, oh sit down,

Asus²   Bsus⁴
Sit down next to me.

        E
Sit down, down, down, down,

        Asus²   Bsus⁴
Down in sympathy.

Instrumental ‖: E | E | Asus² | Bsus⁴ :‖

Verse 2

      E   **Asus2**   **Bsus4**
Now I'm relieved to hear that you've been to some far out places.

      E   **Asus2** **Bsus4**
It's hard to carry on when you feel all alone.

E   **Asus2**   **Bsus4**
Now I've swung back down again it's worse than it was before.

      E   **Asus2**   **Bsus4**
If I hadn't seen such riches I could live with being poor.

Chorus 2   As Chorus 1

Link | **E** | **E** | **E** | **E**   ‖

E5   **(E5/A)**   **(Bsus4)**

Middle   Those who feel the breath of sadness, sit down next to me.

E5   **(E5/A)**   **(Bsus4)**
Those who find they're touched by madness, sit down next to me.

E5   **(E5/A)**   **(Bsus4)**
Those who find themselves ridiculous, sit down next to me.

      E
In love, in fear, in hate, in tears,

      Asus2   **Bsus4**
In love, in fear, in hate, in tears,

      E
In love, in fear, in hate, in tears,

      Asus2   **Bsus4**
In love, in fear, in hate.

E | **E** | **Asus2** | **Bsus4** |
Down.

E | **E** | **Asus2** | **Bsus4** ‖
Down.

Chorus 3   As Chorus 1

      E

Chorus 4   Oh sit down, oh sit down, oh sit down,

Asus2   **Bsus4**
Sit down next to me.

      E
Sit down, down, down, down,

      Asus2   **Bsus4**
Down in sympathy.

E
Down.

Slight Return

Words & Music by
Mark Morriss, Adam Devlin, Scott Morriss & Eds Chesters

D   Dmaj7   G   A   A/C#

Bb   Asus2   F/C   C   Dsus2

Verse 1

D   Dmaj7
Where did you go

G   A
When things went wrong for you,

G   A
When the knives came out for you?

D   Dmaj7
Where did you go?

G   A
All you needed was a friend,

G   A
You just had to ask and then . . .

Pre-chorus 1

D
You don't have to have the solution,

A/C#
You've got to understand the problem

G   Bb C
And don't go hoping for a miracle.

Chorus 1

G   A   G
All this will fade away,

D   A Asus2
So I'm coming home,

D   A
I'm coming home.

Verse 2

```
         D              Dmaj7
         What did you learn,
         G                 A
         Locked away all on your own
         G                 A
         Chance and your head all blown?
         D              Dmaj7
         What did you learn?
         G         A
         It was unfortunate
         G                      A
         You missed you chance to find out that.
```

Pre-chorus 2   As Pre-chorus 1

Chorus 2   As Chorus 1

Instrumental   ‖: D | Dmaj7 | G | A | G | A   :‖

Pre-chorus 3
```
         D
         You don't have to have the solution,
         A/C♯
         You've just got to understand the problem
         G                         B♭    C
         And don't go hoping for a miracle.
```

Chorus 3
```
         G          A          G
         All this will fade away,
         D                   A  Asus2
         So I'm coming home,
         D             A  Asus2
         I'm coming home,
         D             A  Asus2
         I'm coming home,
         F/C        C   G
         But just for a short while.
```

| F/C G | D | Dmaj7 |

Instrumental | D | Dmaj7 | D | Dmaj7 | D | Dmaj7 | G | A | Dsus2 ‖

Sleeping Satellite

Words & Music by
John Beck, John Hughes & Tasmin Archer

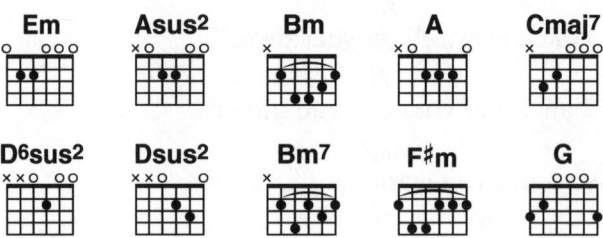

Capo first fret

Chorus 1

Em   Asus²
 I blame you for the moonlit sky

 Bm
And the dream that died

With the eagle's flight.

Em   A
 I blame you for the moonlit nights

 Bm
When I wonder why

Are the seas still dry?

Cmaj⁷   D⁶sus²
 Don't blame this sleeping satellite.

Verse 1

    Em
Did we fly to the moon too soon?

   Dsus²
Did we squander the chance?

     Cmaj⁷
In the rush of the race

        Dsus²
The reason we chase is lost in romance.

Em   Dsus²
 And still we try

 Cmaj⁷
To justify the waste

     Bm⁷
For a taste of man's greatest adventure.

Chorus 2

Em   **A**
  I blame you for the moonlit sky

    Bm
And the dream that died

With the eagle's flight.

Em   **A**
  I blame you for the moonlit nights

    Bm
When I wonder why

Are the seas still dry?

Cmaj7   **Dsus2**
  Don't blame this sleeping satellite.

Verse 2

         Em
Have we lost what it takes to advance?

     Dsus2
Have we peaked too soon?

         Cmaj7
If the world is so great

             Dsus2
Then why does it scream under a blue moon?

Em   **Dsus2**
  We wonder why

    Cmaj7
If the earth's sacrificed

        Bm7
For the price of its greatest treasure.

Chorus 3

Em   **A**
  I blame you for the moonlit sky

    Bm
And the dream that died

With the eagle's flight.

Em   **A**
  I blame you for the moonlit nights

    Bm
When I wonder why

Are the seas still dry?

Cmaj7   **Dsus2**
  Don't blame this sleeping satellite.

Link | Em | Em | F♯m | G | Em | Em | F♯m | G F♯m |

Verse 3

Em
And when we shoot for stars

      Dsus2
What a giant step.

            Cmaj7
Have we got what it takes

            Dsus2
To carry the weight   of this concept?

Em   Dsus2   Cmaj7
  Or pass it by like a shot in the dark,

          Bm7
Miss the mark with a sense of adventure.

Instrumental ‖: Em | A | Bm | Bm :‖

Cmaj7   Dsus2
  Don't blame this sleeping satellite.

Chorus 4

Em   A
  I blame you for the moonlit sky

    Bm
And the dream that died

With the eagle's flight.

Em   A
  I blame you for the moonlit nights

    Bm
When I wonder why

Are the seas still dry?

Cmaj7   Dsus2
  Don't blame this sleeping satellite.

Outro ‖: Em | A | Bm | Bm | Em | A | Bm | Bm |

Cmaj7   Dsus2
  Don't blame this sleeping satellite. :‖   *Repeat to fade*

Strong

Words & Music by
Robbie Williams & Guy Chambers

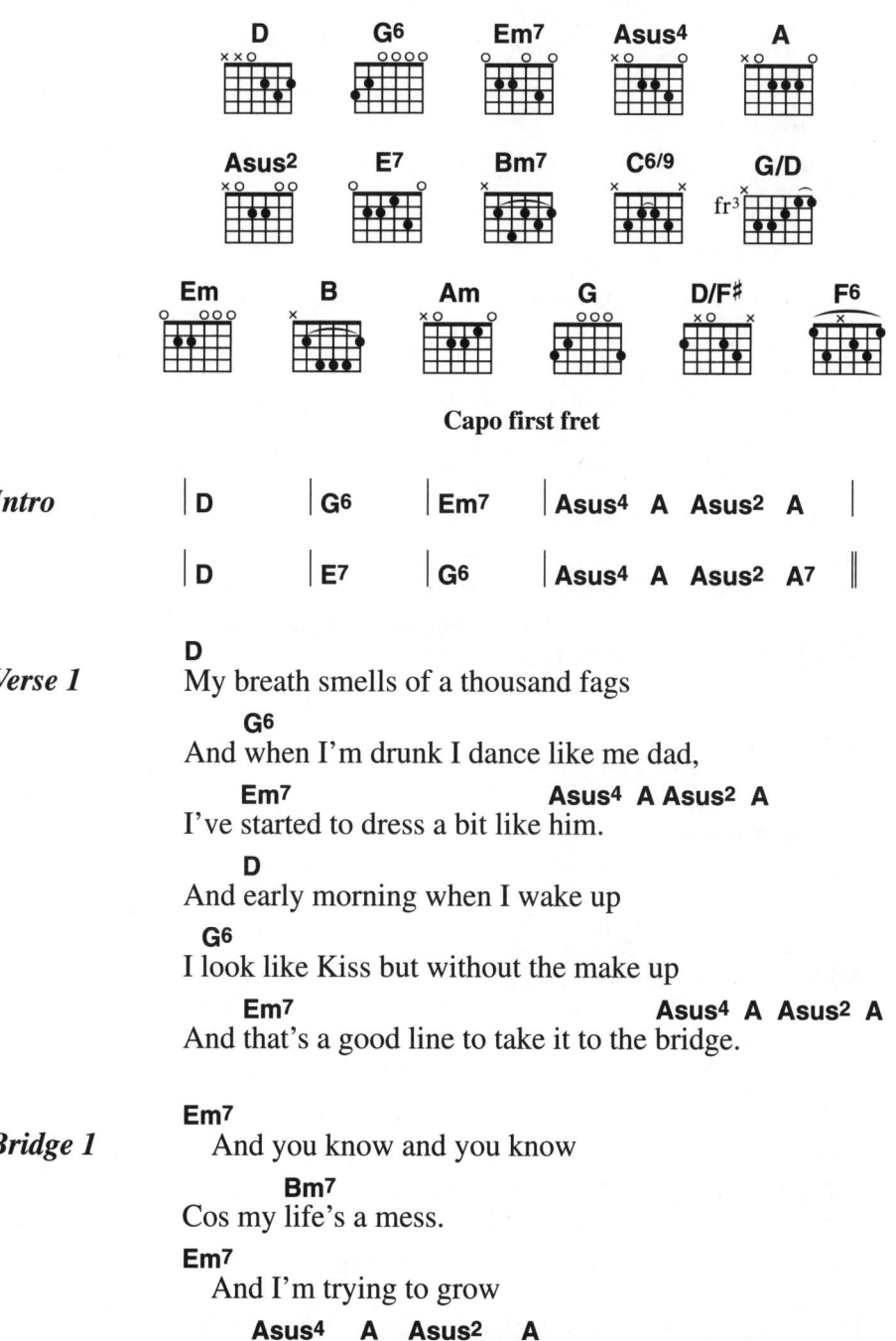

Capo first fret

Intro

| D | G6 | Em7 | Asus4 A Asus2 A | |

| D | E7 | G6 | Asus4 A Asus2 A7 | |

Verse 1

   D
My breath smells of a thousand fags

     G6
And when I'm drunk I dance like me dad,

     Em7   **Asus4 A Asus2 A**
I've started to dress a bit like him.

     D
And early morning when I wake up

    G6
I look like Kiss but without the make up

     Em7   **Asus4 A Asus2 A**
And that's a good line to take it to the bridge.

Bridge 1

Em7
   And you know and you know

     Bm7
Cos my life's a mess.

Em7
   And I'm trying to grow

     Asus4   **A**   **Asus2**   **A**
So before I'm old I'll   confess.

Chorus 1

D   E7
You think that I'm strong,

      G6   Asus4 A Asus2 A
You're wrong, you're wrong.

D   E7
I'll sing my song.

    G6   Asus4 A Asus2 A
My song, my song.

Verse 2

        D
My bed's full of takeaways

    G6
And fantasies of easy lays,

    Em7
The pause button's broke on my video.

    D
And is this real 'cause I feel fake?

G6
Oprah Winfrey, Rikki Lake,

Em7   Asus4 A Asus2 A
Teach me things I don't need to know.

Bridge 2

Em7
  And you know and you know

      Bm7
'Cause my life's a mess.

Em7
  And It's started to show

    Asus4   A Asus2   A
So before I'm old I'll   confess.

Chorus 2   As Chorus 1

Middle

C6/9
If I did it all over again I'd be a nun,

    G/D
The rain was never cold when I was young,

    Em   B
I'm still young, we're still young.

Am
Life's too short to be afraid,

G   D/F♯ Em Asus4 (D)
Step in - side the   sun.

Instrumental ‖: D | E7 | G6 | Asus4 A Asus2 A   :‖

Bridge 3

Em7
And you know and you know
        Bm7
'Cause my life's a mess.
Em7   F6   C
And I'm trying to grow. _____

Chorus 3 As Chorus 1

Chorus 4 As Chorus 1

Outro

    D
‖: Life's too short to be afraid
    E7
So take a pill to numb the pain,
G6   Asus4 A Asus2 A
You don't have to take the blame.   :‖ *Repeat to fade*

Something For The Weekend

Words & Music by
Neil Hannon

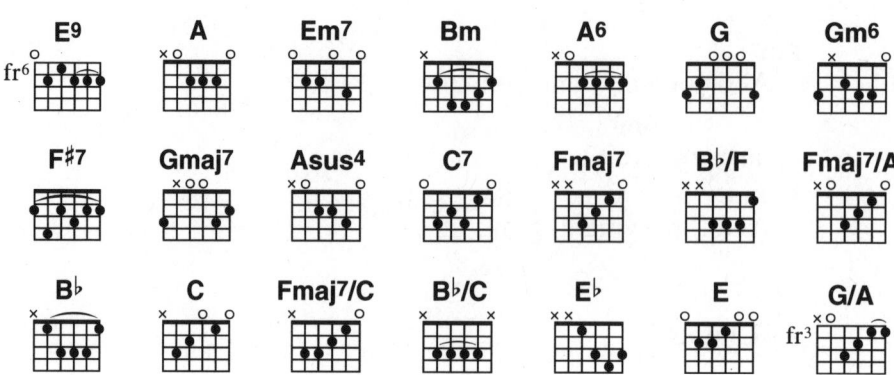

Capo first fret

Intro ‖: E9 | E9 | E9 | E9 :‖: A | Em7 | A | Em7 :‖

Verse 1

A   Em7   A
She said,   "There's something in the woodshed

Em7   Bm
And I can hear it breathing,

A6   G   Gm6 F♯7
It's such an eerie feeling, darl - ing."

A   Em7   A
He said, "There's nothing in the woodshed,

Em7   Bm
It's your imagination

A6   G   Gm6 F♯7
End of conversation, darl - ing."

Chorus 1

A Em7   A   Em7   Bm
Something in his heart told him to come clean,

   A6   Gmaj7 Gm6   F♯7 A
He was not who he claimed to   be.

Em7   A   Em7   Bm
Something in his genes told him to pretend

     A6   Gmaj7 Gm6 F♯7
'Twas something for the week - end.

Link | E9 | E9 | E9 | E9 ‖

Verse 2

Asus⁴ A   Em⁷   Asus⁴ A
She   said,   "There is something in the wood - shed,

Em⁷   Bm
  I know because I saw it,

A⁶   G   Gm⁶ F♯⁷
  I can't simply ignore it, darl - ing."

  Asus⁴ A   Em⁷   Asus⁴ A
So he   said, "Now baby, don't be stu - pid,

Em⁷   Bm
  Get this into your sweet head,

A⁶   G   Gm⁶ F♯⁷   A
  There ain't nothing in the woodshed except maybe some wood."

Chorus 2

Em⁷   A   Em⁷   Bm
Something in his heart told him to come clean,

  A⁶   Gmaj⁷ Gm⁶   F♯⁷ A
He was not who he claimed to   be.

Em⁷   A   Em⁷   Bm
Something in his jeans told him to pretend

  A⁶   Gmaj⁷ Gm⁶   C⁷   Fmaj⁷ B♭/F
'Twas something for the week - end. _____

Middle

Fmaj⁷ B♭/F   Fmaj⁷/A   B♭
  "I'll go all the way with you,

  Fmaj⁷/A   B♭   C Fmaj⁷/C B♭/C   Fmaj⁷/C B♭/C
If you'll only do the same for me,   go and   see.

  Fmaj⁷/A   B♭
It it's nothing like you say

          E♭   E   A   Em⁷   A   Em⁷
Then you can have your wicked way with me."_____

| A | Em⁷ | A | Em⁷ | |

                                      x8
  A   Em⁷
‖: Weekend,   here's something for the :‖

Outro

A   G/A
He went down to the woodshed

A   G/A
They came down hard on his head

A   G/A
Gagged and bound and left for dead

         A
When he woke she was gone with his car and all his money.

Tears In Heaven

Words & Music by
Eric Clapton & Will Jennings

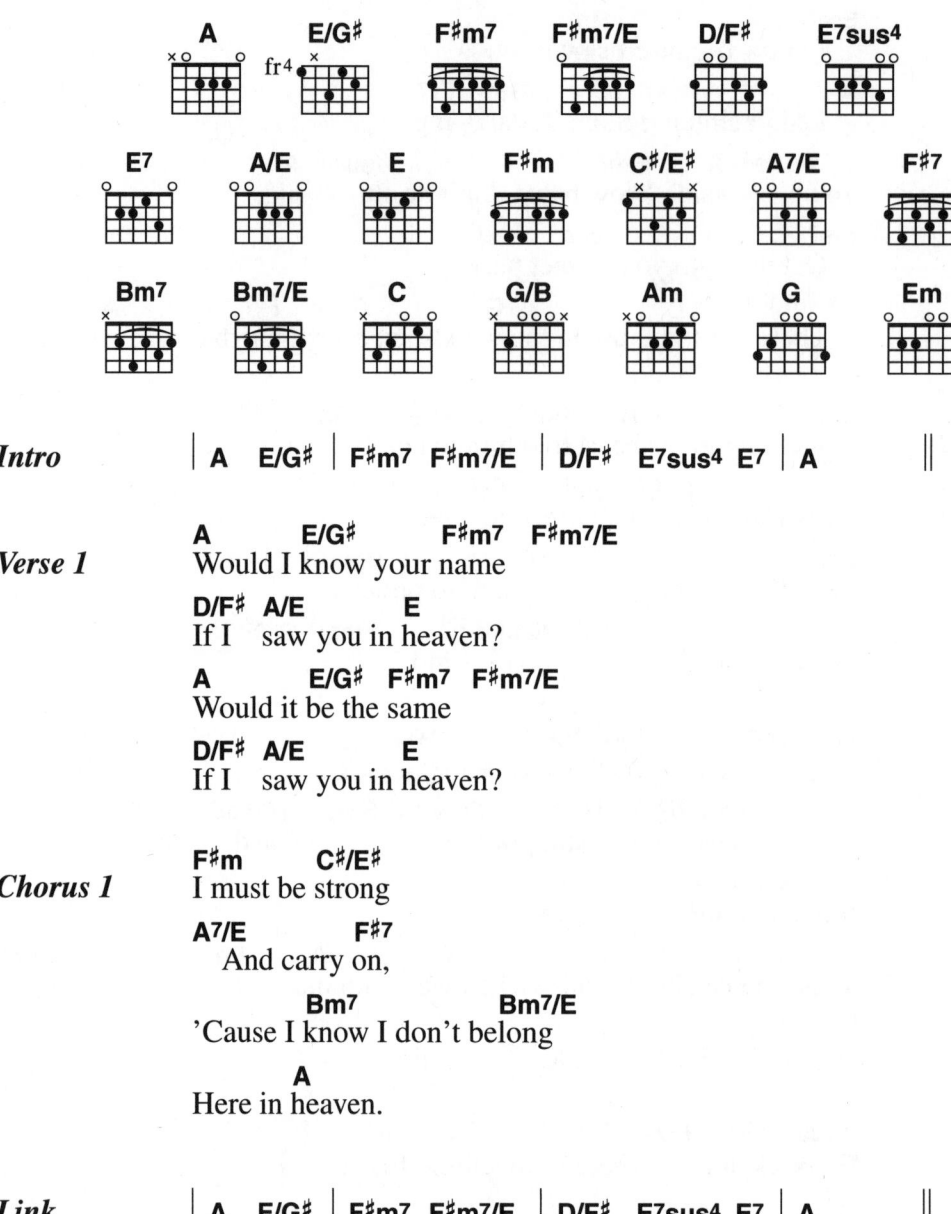

Intro | A   E/G♯ | F♯m7   F♯m7/E | D/F♯   E7sus4   E7 | A ‖

Verse 1

A · · · · · E/G♯ · · · · F♯m7 · F♯m7/E
Would I know your name

D/F♯ · A/E · · · · · · E
If I · · saw you in heaven?

A · · · · · E/G♯ · F♯m7 · F♯m7/E
Would it be the same

D/F♯ · A/E · · · · · · · E
If I · · saw you in heaven?

Chorus 1

F♯m · · · · · C♯/E♯
I must be strong

A7/E · · · · · · · F♯7
· · And carry on,

· · · · · · · Bm7 · · · · · · · Bm7/E
'Cause I know I don't belong

· · · · · · · A
Here in heaven.

Link | A   E/G♯ | F♯m7   F♯m7/E | D/F♯   E7sus4   E7 | A ‖

Verse 2

   A   E/G♯   F♯m7 F♯m7/E
Would you hold my hand

D/F♯ A/E   E
If I   saw you in heaven?

   A   E/G♯ F♯m7 F♯m7/E
Would you help me stand

D/F♯ A/E   E
If I   saw you in heaven?

Chorus 2

   F♯m   C♯/E♯
I'll find my way

A7/E   F♯7
Through night and day

          Bm7   Bm7/E
'Cause I know I just can't stay

          A
Here in heaven.

Link   ‖ A E/G♯ | F♯m7 F♯m7/E | D/F♯ E7sus4 E7 | A   ‖

Bridge

   C   G/B   Am
Time can bring you down,

          D/F♯   G D/F♯ Em D/F♯ G
Time can bend your knees.

   C   G/B   Am
Time can break your heart,

          D/F♯   G   D/F♯
Have you beggin' please,

        E
Beggin' please.

Solo   ‖: A E/G♯ | F♯m7 F♯m7/E | D/F♯ A/E | E   E7 :‖

Chorus 3

   F♯m   C♯/E♯
Beyond the door

A7/E   F♯7
There's peace I'm sure

          Bm7   Bm7/E
And I know there'll be no more

          A
Tears in heaven.

Verse 3

     A   E/G♯   F♯m7 F♯m7/E
Would you know my name

D/F♯ A/E   E
If I   saw you in heaven?

     A   E/G♯ F♯m7 F♯m7/E
Would you be the same

D/F♯ A/E   E
If I   saw you in heaven?

Chorus 4

F♯m   C♯/E♯
I must be strong

A7/E   F♯7
And carry on,

        Bm7   Bm7/E
'Cause I know I don't belong

       A
Here in heaven.

Link | A E/G♯ | F♯m7 F♯m7/E ‖

        Bm7   Bm7/E
'Cause I know I don't belong

       A
Here in heaven.

Coda | A E/G♯ | F♯m7 F♯m7/E | A/E E7sus4 E7 | A   ‖

Torn

Words & Music by
Anne Preven, Scott Cutler & Phil Thornalley

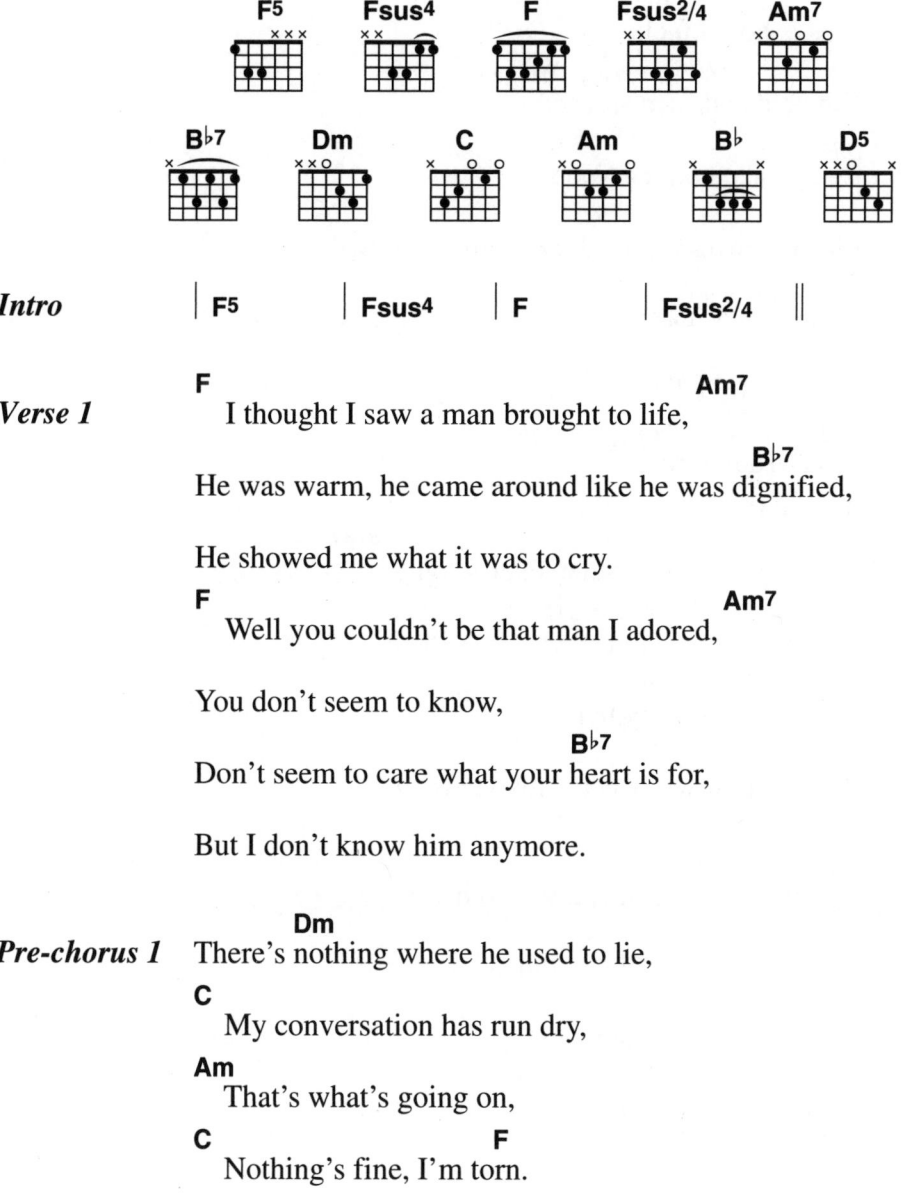

Intro | F5 | Fsus4 | F | Fsus2/4 ‖

Verse 1

     F   Am7

I thought I saw a man brought to life,

                                       B♭7

He was warm, he came around like he was dignified,

He showed me what it was to cry.

     F   Am7

Well you couldn't be that man I adored,

You don't seem to know,

                        B♭7

Don't seem to care what your heart is for,

But I don't know him anymore.

Pre-chorus 1

            Dm

There's nothing where he used to lie,

     C

My conversation has run dry,

   Am

That's what's going on,

   C   F

Nothing's fine, I'm torn.

Chorus 1
                  C
I'm all out of faith,
         Dm
This is how I feel,
             B♭
I'm cold and I am shamed
            F
Lying naked on the floor.
            C   **Dm**
Illusion never changed into something real,
       B♭   **F**
Wide awake and I _ can see the perfect sky is torn,
        C
You're a little late,
        Dm
I'm already torn.

Verse 2
     F   **Am7**
So I guess the fortune teller's right.

I should have seen just what was there
         B♭7
And not some holy light,

But you crawled beneath my veins.

Pre-chorus 2
        Dm
And now I don't care, I had no luck,
C
I don't miss it all that much,
Am
There's just so many things
C   **F**
That I can search, I'm torn.

Chorus 2   As Chorus 1

Dm   **B♭**
Torn
D5   **F**   **C**
Oo, oo, oo. _____

Pre-chorus 3

Dm
There's nothing where he used to lie,
C
  My inspiration has run dry,
Am
  That's what's going on,
C   F
  Nothing's right, I'm torn.

Chorus 3

           C
I'm all out of faith,
        Dm
This is how I feel,
              B♭
I'm cold and I am shamed,
            F
Lying naked on the floor.
                C   Dm
Illusion never changed into something real,
         B♭   F
Wide awake and I _ can see the perfect sky is torn.

Chorus 4

           C
I'm all out of faith,
        Dm
This is how I feel,
              B♭
I'm cold and I'm ashamed,
                F
Bound and broken on the floor.
           C
You're a little late,
        Dm   B♭
I'm already torn…
Dm   C
Torn…

Repeat Chorus ad lib. to fade

Trash

Words & Music by
Brett Anderson & Richard Oakes

C   Em   Fmaj7   D   G   Gm

F   Fm   A♭   Adim   D7   E♭dim

Tune guitar down one semitone

Intro

| C | C | Em | Em |

| Fmaj7 | Fmaj7 | D | G ‖

Verse 1

C
Well maybe, maybe it's the clothes we wear,   Em
                                                  Fmaj7
The tasteless bracelets and the dye in our hair,
          D   G
Maybe it's our kookiness.

Verse 2

C
Or maybe, maybe it's our nowhere towns,   Em
                                              Fmaj7
Our nothing places and our cellophane sounds,
          D   G
Maybe it's our looseness. ____

Chorus 1

        C   Gm
But we're trash, you and me,
              F
We're the litter on the breeze,
              Fm   Adim
We're the lovers on the streets.
    C   Gm
Just trash me and you,
              F
It's in ev'rything we do,
              A♭
It's in ev'rything we do.

Verse 3

   C   **Em**

Or maybe, maybe it's the things we say,

                                    Fmaj⁷

The words we've heard and the music we play,

                  D   **G**

Maybe it's our cheapness.

Verse 4

   C   **Em**

Or maybe, maybe it's the times we've had,

                              Fmaj⁷

The lazy days and the crazes and fads,

                  D   **G**

Maybe it's our sweetness.____

Chorus 2   As Chorus 1

Guitar solo ‖: C | C | Em | Em |

              | Fmaj⁷ | Fmaj⁷ | D⁷ | G   :‖

Chorus 3

                   C   **Gm**

  ‖: We're trash you and me,

                           F

We're the lovers on the street,

                       Fm   **E♭dim**

We're the litter on the breeze.

          C   **Gm**

Just trash me and you,

                     F

It's in ev'rything we do,

                 A♭ **E♭dim**

It's in ev'rything we do.   :‖   *Repeat to fade with vocal ad lib.*

Turn

Words & Music by
Fran Healy

D   G   Dmaj7   A   G/F♯   Em   G/B   D7

Capo second fret

Intro | D | D | D | D ||

Verse 1
D   G
I want to see what people saw,
                              D
I want to feel like I felt   before.
Dmaj7   G
    I'd like to see the kingdom come,
                    A
I want to feel forever young.

Pre-chorus 1
D
    I want to sing,

To sing my song.
            A   G   G/F♯
I want to live in a world where I belong. ___
Em
    I want to live,

I will survive,
                A
And I believe that it won't be very long.

Chorus 1
        G   A
If we turn, turn, ___
        D   G/B
Turn, turn, turn.
G   A   D
Turn, turn, ___ turn. ___

© *Copyright 1999 Sony/ATV Music Publishing (UK) Limited, 10 Great Marlborough Street, London W1F 7LP.*
All Rights Reserved. International Copyright Secured.

164

cont.

G   A
If we turn, turn, ____

  D   G/B
Turn, turn, turn.

                     G   A   Dmaj7
Then we might learn, ____ learn.

Verse 2

(Dmaj7)
   So where's the stars?

           G
Up in the sky.

And what's the moon?

            D
A big balloon.

Dmaj7   G
   We'll never know unless we grow,

                                     A
There's so much world outside the door.

Pre-chorus 2

D
  I want to sing,

To sing my song.

               A   G   G/F♯
I want to live in a world where I'll be strong. ____

Em
  I want to live,

I will survive,

                         A
And I believe that it won't be very long.

Chorus 2

       G   A
If we turn, turn, ____

  D   G/B
Turn, turn, turn.

G   A   D   D7
Turn, turn, ____ turn, ____

       G   A
If we turn, turn, ____

  D   G/B
Turn, turn, turn.

              G   A   D
Then we might learn, ____ learn.

Link

      A

      We've got to turn, we've got to turn.

| G   A | D G/B | G   A | D D7 ‖

Chorus 3

    G   **A**

If we turn, turn, _____

    D   **G/B**

Turn, turn, turn.

G   **A**   **D**   **D7**

Turn, turn, _____ turn, _____

    G   **A**

If we turn, turn, _____

    D   **G/B**

Turn, turn, turn.

            G

Then we might learn,

      A   **D**

Learn to turn. _____

Coda   ‖: D | D | D | D   :‖

Two Princes

Words & Music by
Chris Barron, Eric Schenkman, Mark White & Aaron Comess

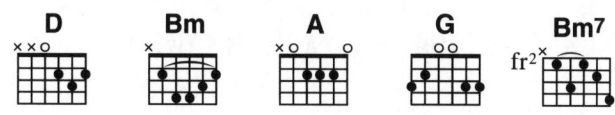

D   Bm   A   G   Bm7

Intro 1 bar drums ‖: D Bm │A G │D Bm │A G :‖

Verse 1

D   Bm   A
One, two princes kneel before you,

         G
That's what I said, now.

D   Bm   A
Princes, Princes, who adore you,

         G
Just go ahead, now.

D   Bm   A
One has diamonds in his pocket

         G
And that's some bread now,

D   Bm   A
This one said he wants to buy you rockets,

         G
Ain't in his head, now.

Link 1 │ D Bm │A G │D Bm │A G │

Verse 2

D   Bm   A
This one, he got a princely racket,

         G
That's what I said, now.

D   Bm   A
Got some big seal upon his jacket,

         G
Ain't in his head, now.

         D   Bm   A
You marry him, your father will condone you,

cont.
G
How 'bout that, now?

     D   Bm   A
You marry me, your father will disown you,

G
He'll eat his hat, now.

               G
Pre-chorus 1   Marry him or marry me,

               D
I'm the one that loves you baby can't you see?

                   G
I ain't got no future or a family tree,

               A
But I know what a prince and lover ought to be,

I know what a prince and lover ought to be.

                 D   Bm   A
Chorus 1   Said, if you want to call me baby,

                G
Just go ahead, now.

              D   Bm   A
An' if you'd like to tell me maybe,

                G
Just go ahead, now.

D   Bm   A
And if you wanna buy me flowers

                G
Just go ahead, now.

              D   Bm   A
And if you like to talk for hours

                G
Just go ahead, now.

Guitar Solo   ‖: D Bm | A G | D Bm | A G :‖ G | D | G | A | A | A |

Verse 3   As Verse 1

Pre-chorus 2   As Pre-chorus 1

Chorus 2

           D   **N.C.**
Said, if you want to call me baby,

Just go ahead, now.

An' if you'd like to tell me maybe,

Just go ahead, now.

And if you wanna buy me flowers,

Just go ahead, now.

And if you like to talk for hours,

Just go ahead, now.

Chorus 3

           D   **Bm7**   **A**
Said, if you want to call me baby,
        G
Just go ahead, now.
        D   **A**
An' if you'd like to tell me maybe,
        G
Just go ahead, now.
        D   **Bm7**   **A**
And if you like to buy me flowers,
        G
Just go ahead, now.
        D   **Bm7**   **A**
And if you like to talk for hours
        G
Just go ahead, now.

Chorus 4   ‖: As Chorus 1 :‖   *Repeat to fade w/ad lib vocals*

What's Up

Words & Music by
Linda Perry

A   Bm   D   Dsus2   Asus2   Dsus4

Intro |A |Bm |D Dsus2|A Asus2|A Asus2|Bm |D Dsus2|A Asus2|

Verse 1

> **A**
>   25 years and my life and still   **Asus2**
>
> **Bm**   **D**
> I'm trying to get up that great big hill of hope
>
>   **Dsus2   A**
> For a destin - ation.
>
> **Asus2   A**
>   And I realised quickly when I knew I should
>
> **Asus2   Bm**
> That the world was made up of this
>
>   **D**
> Brotherhood of man,
>
>   **Dsus2   A**
> For whatever that means.

Pre-chorus 1

> **Asus2   A**
> And so I cry sometimes when I'm lying in bed
>
> **Asus2 Bm**
> Just to get it all out, what's in my head
>
>   **D**   **Dsus2   A**
> And I,   I am feeling a little peculiar.
>
> **Asus2   A**
> And so I wake in the morning and I step
>
>   **Asus2 Bm**
> Outside and I   take deep breath
>
> And I get real high
>
>   **D**
> And I   scream from the top of my lungs,
>
>   **Dsus2   A**
> "What's goin'   on?"

Chorus 1

```
      Asus²  A            Asus²
And I    say, "Hey, yeah, yeah, yeah,

Bm
Hey, yeah, yeah."
        D              Dsus²  A
I said "Hey, what's goin'     on?"
        Asus²  A            Asus²
And I say,    "Hey, yeah, yeah, yeah,

Bm
Hey, yeah, yeah."
        D              Dsus²  A
I said "Hey, what's goin'     on?"
```

Link 1

```
‖: A   Asus²│Bm     │D   Dsus²│A   Asus² :‖
```

Verse 2

```
        A              Asus²  Bm
And I try, oh my God do I    try,
            D
I try all the time
        Dsus²  A
In this insti  -  tution.
Asus²  A                Bm
And  I  pray, oh my God do I pray,
                D
I pray every single day
        Dsus²  A
For a revo  -  lution.
```

Pre-chorus 2   As Pre-chorus 1

Chorus 2   As Chorus 1

Link 2

```
│ A   Asus²│Bm     │D   Dsus²│A   Asus²│
```

Outro

```
    A                            Asus²
    25 years and my life is still,
        Bm                          D
I'm trying to get up that great big hill of hope
        Dsus⁴ D     Dsus²  A
For a      des - ti  -  nation.
```

When You're Gone

Words & Music by
Bryan Adams & Eliot Kennedy

Dm   F   C   G   B♭

Intro
  | Dm | F | C | G ‖

Verse 1

          Dm   **G**
I've been wandering around the house all night

  C
Wondering what the hell to do.

        Dm   **G**   **C**
Yeah, I'm trying to concentrate but all I can think of is you.

        Dm   **G**
Well the phone don't ring 'cause my friends ain't home,

    C
I'm tired of being all alone.

        Dm   **B♭**   **G**
Got the T.V. on 'cause the radio's playing songs

That remind me of you.

Chorus 1

            Dm
Baby when you're gone

F   **C**   **G**
  I realize I'm in love.

          Dm
The days go on and on

F   **C**   **G**
  And the nights just seem so ___ long.

          Dm
Even food don't taste that good,

F   **C**   **G**
  Drink ain't doing what it should.

        Dm
Things just feel so wrong,

B♭   **G**
  Baby when you're gone.

Verse 2

           Dm   **G**
I've been driving up and down these streets
   C
Trying to find somewhere to go.
        Dm   **G**   **C**
Yeah, I'm looking for a familiar face but there's no one I know.
    Dm   **G**
Ah, this is torture, this is pain,
   C
It feels like I'm gonna go insane.
    Dm   **B♭**
I hope you're coming back real soon,
     G
'Cause I don't know what to do.

Chorus 2   As Chorus 1

Solo   ‖: Dm | G | C | C :‖   *Play 3 times*

             | Dm | B♭ | G | G ‖

Chorus 3

               Dm
Baby when you're gone
F   **C**   **G**
   I realize I'm in love.
             Dm
The days go on and on
F   **C**   **G**
   And the nights just seem so ___ long.
              Dm
Even food don't taste that good,
F   **C**   **G**
   Drink ain't doing what it should.
           Dm
Things just feel so wrong,
B♭   **G**
   Baby when you're gone. ___
          Dm
Baby when you're gone,
B♭   **F**
   Yeah, baby when you're gone.

Where I Find My Heaven

Words & Music by
Paul Brouwer, David Gibbs, Phil Hurley & Steve Hurley

C   Dsus2   G   A   Bmadd11

Gsus2   D   Bm   Em   D/F#

Intro | C || Dsus2 | G | Dsus2 | G | Dsus2 | A | Bmadd11 | Gsus2   D | G C ||

Verse 1

(C) D   G   D   G
    Hey, Monday mornin'   is only for the brave,

D   A
And the blood flows through my heart

   Bm   G
And leaves like sand as I shave.

D   G   D   G
   And the wind outside,   and the taxi's ready,

D   A   Bm
And the lonesome hum that comes from my desk lamp is . . .

Chorus 1

Em   G   A
Where I find my heaven,

  Em   G   A
Is where I find my heaven,

  Em   G   A D
Is where I find my heaven,

G D/F# Em D   G A D C
Hea   -   ven.

Verse 2

D   G   D   G
   But Sunday mornin',   is only for the blessed,

D   A
And the grace keeps flowing

   Bm   G
Just as long as we can stay oppressed.

D   G   D   G
   And a whispering word,   in my spirit lies,

D   A   Bm
And the sacred moments of silliness are . . .

Chorus 2

Em   G   A
Where I find my heaven,

Em   G   A
Where I find my heaven,

Em   G   A D
Where I find my heaven,

G D/F♯ Em Bm
Hea   -   ven.

Instrumental
| (Bm) | A | G | G A | Bm | A | G | D/F♯ |

| G | D/F♯ | Em | A | A | A | A | |

‖: D | G | Em | A | *x4* :‖

Chorus 3

Em   G   A
It's where I find my heaven,

Em   G   A
It's where I find my heaven,

Em   G   A D
Where I find my heaven,

Em   G   A
It's where I find my heaven,

Em   G   A
Where I find my heaven,

Em   G   A D
Where I find my heaven,

G D/F♯ Em   G D/F♯ Em   G D/F♯ Em   G A D
Hea - ven, hea - ven, hea - ven.

You Don't Care About Us

Words & Music by
Brian Molko, Stefan Olsdal & Steven Hewitt

Chord diagrams: B♭ (fr6), E♭ (fr6), D, E♭maj7♭5 (fr6), E♭maj7 (fr6), E♭(♭5) (fr6), Dm, F

Intro   ‖: B♭ | B♭ | E♭ | E♭ :‖   *Play 4 times*

Verse 1

     B♭   E♭   B♭
If it's a bad day, you try to suffocate,
              E♭   B♭
Another memory scarred.
             E♭   B♭
If it's a bad case, then you accelerate,
             E♭
You're in the getaway car.

Chorus 1

    D   E♭
You don't care about us.
      D   E♭
Oh, oh, you don't care about us.
      D   E♭
Oh, oh, you don't care about us.
      D   E♭
Oh, oh, you don't care about us.

Verse 2

     B♭   E♭   B♭
If it's a bad case, you're on the rampage,
              E♭   B♭
Another memory scarred.
              E♭   B♭
You're at the wrong place, you're on the back page,
             E♭
You're in the getaway car.

Chorus 2   As Chorus 1

Middle

E♭maj7♭5　E♭　　　　　E♭maj7　E♭(♭5)
　　　　　　　It's your age.　　　　　It's my rage.

E♭maj7♭5　E♭　　　　　E♭maj7　E♭(♭5)
　　　　　　It's your age.　　　　　It's my rage.

| B♭ | | B♭ | | Dm | | Dm | | |
| B♭ | | B♭ | | Dm | F | F | | ‖ |

Verse 3

B♭　　　　　　　　　　E♭　　　　　　　　　B♭
　　You're too complicated, we should separate it, —

　　　　　　　　　　E♭　　　　　　　　B♭
You're just confiscating, you're exasperating.

　　　　　　　　E♭　　　　　　　B♭
This degeneration, mental masturbation,

　　　　　　　　　　　　　E♭　　　　　　　　　　　　D
Think I'll leave it all behind, save this bleeding heart of mine.

Link

　　　　　　　　E♭
It's a matter of trust,

D　　　　　　E♭
　It's a matter of trust,

D　　　　　　E♭
　It's a matter of trust,

D　　　　　　E♭
　It's a matter of trust.

Because…

Chorus 3　　As Chorus 1

Middle 2　　As Middle 1

Outro

| B♭ | | B♭ | | Dm | | Dm | | |
| B♭ | | B♭ | | Dm | F | F | | B♭ | ‖ |

You Get What You Give

Words & Music by
Gregg Alexander & Rick Nowels

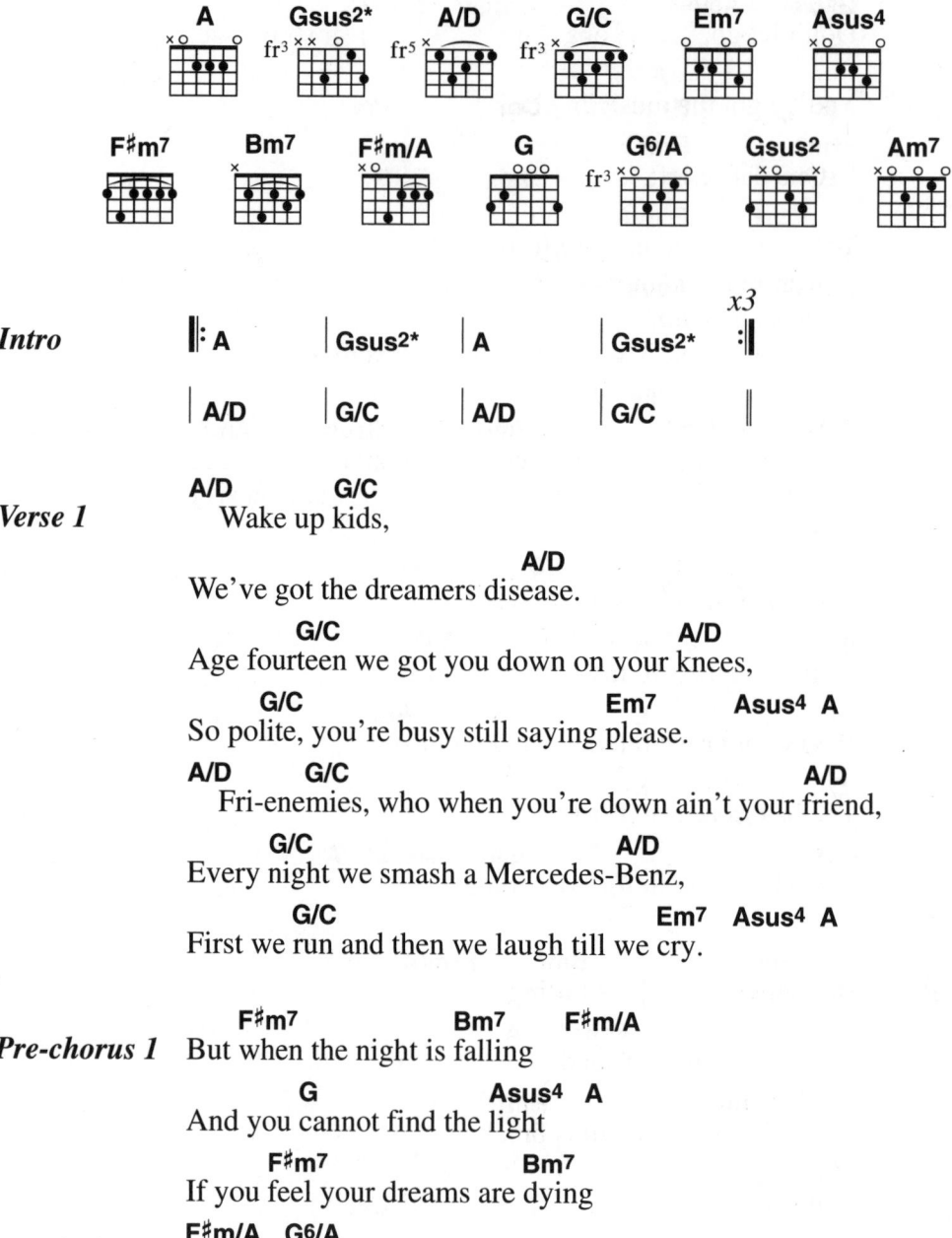

Intro ‖: A | Gsus2* | A | Gsus2* :‖ *x3*

| A/D | G/C | A/D | G/C ‖

Verse 1

A/D   G/C
Wake up kids,

                   A/D
We've got the dreamers disease.

     G/C   A/D
Age fourteen we got you down on your knees,

     G/C   Em7   Asus4 A
So polite, you're busy still saying please.

A/D   G/C   A/D
    Fri-enemies, who when you're down ain't your friend,

    G/C   A/D
Every night we smash a Mercedes-Benz,

     G/C   Em7   Asus4 A
First we run and then we laugh till we cry.

Pre-chorus 1

    F♯m7   Bm7   F♯m/A
But when the night is falling

     G   Asus4   A
And you cannot find the light

    F♯m7   Bm7
If you feel your dreams are dying

F♯m/A   G6/A
    Hold tight,

Chorus 1

    A
You've got the music in you.

Gsus²   Asus⁴
Don't let go,

         A
You've got the music in you.

F♯m⁷   Bm⁷
  One dance left,

          F♯m/A
This world is gonna pull through.

Gsus²   Asus⁴
  Don't give up,

       A
You've got a reason to live.

F♯m⁷   Bm⁷   F♯m/A   Gsus²   Am⁷   G
  Can't forget,   we only get what we give. _____

Link 1 | **A/D** | **G/C** | **A/D** | **G/C**   ‖

Verse 2

A/D   G/C   A/D
  Four a.m.   we ran a miracle mile,

        G/C   A/D
We're flat broke but hey we do it in style.

        G/C
The bad rich,

(G/C)   Em⁷   Asus⁴ A
  God's flying in for your trial.

Pre-chorus 2

    F♯m⁷   Bm⁷   F♯m/A
But when the night is falling

    G   Asus⁴   A
You cannot find a friend.

     F♯m⁷   Bm⁷
If you feel your dream is breaking,

F♯m/A G6/A
  Just play.

Chorus 2   As Chorus 1

Link 2 | **A/D** | **Am⁷ G** | **A/D** | **Am⁷ G** ‖

Verse 3

A/D   Am⁷   G   A/D

This whole damn world can fall apart,

                Am⁷ G   A/D

You'll be OK, fol - low your heart.

                Am⁷

You're in harms way,

    G   A/D

I'm right behind,

               G⁶/A   A   G⁶/A

Now say you're mine. _____

Chorus 3

A

You've got the music in you.

Gsus²   Asus⁴

Don't let go,

              A

You've got the music in you.

F♯m⁷   Bm⁷

One dance left,

              F♯m/A

This world is gonna pull through.

Gsus²   Asus⁴

Don't give up,

            A

You've got a reason to live.

F♯m⁷   Bm⁷   F♯m/A   Gsus²

Can't forget,   we only get what we give.

           Asus⁴

Don't let go,

         A   F♯m⁷   Bm⁷ F♯m/A

I feel the music in you, you, you, you.

Gsus² Asus⁴ A F♯m⁷ Bm⁷ F♯m/A

Fly_____   high,_____

        Gsus² Asus⁴ A   F♯m⁷ Bm⁷ F♯m/A Gsus²

What's real_____ can't die. _____

Asus⁴   A   F♯m⁷ Bm⁷ F♯m/A

You only get what you give.

Outro

Gsus²   Asus⁴   A

Health insurance rip off lying, FDA big bankers buying

F♯m⁷

Fake computer crashes dining

Bm⁷   F♯m/A

Cloning while they're multiplying.

Gsus²

Fashion shoots

cont.   With Beck and Hanson

Asus⁴   **A**
Courtney Love and Marilyn Manson,

F♯m⁷
You're all fakes,

Run to your mansions,

Bm⁷
Come around

      F♯m/A   **Gsus²**
We'll kick your ass in!

         Asus⁴ **A**
Don't let go,

F♯m⁷   **Bm⁷**   **F♯m/A**   **Gsus²**
  One dance left.   *to fade*

You Oughta Know

Words by Alanis Morissette
Music by Alanis Morissette & Glen Ballard

F#m7   B/F#   B   F#   E   A   B7sus4   B7   F#m/

Verse 1

N.C. (F#m7)
I want you to know that I'm happy for you,

I wish nothing but the best for you both.
F#m7
An older version of me,

Is she perverted like me?
B/F#
Would she go down on you in a theatre?
F#m7
Does she speak eloquently,

And would she have your baby?
B/F#
I'm sure she'd make a really excellent mother.

Pre-chorus 1

F#m7
'Cause the love that you gave, that we made

                                  B
Wasn't able to make it enough for you to be open wide, no.
F#m7
And every time you speak her name,

Does she know how you told me you'd hold me
B
Until you died, 'til you died?

But you're still alive.

Chorus 1

        F♯   E
And I'm here to remind you
        A   B
Of the mess you left when you went away.
        F♯   E
It's not fair to deny me
        A   B
Of the cross I bear that you gave to me.
              N.C.
You, you, you oughta know.

Verse 2

F♯m7   B/F♯
You seem very well, things look peaceful,
F♯m7   B/F♯
I'm not quite as well, I thought you should know.
          F♯m7
Did you forget about me Mister Duplicity?
         B/F♯
I hate to bug you in the middle of dinner.
          F♯m7
It was a slap in the face how quickly I was replaced
           B/F♯
And are you thinking of me when you fuck her?

Pre-chorus 2   As Pre-chorus 1

Chorus 2   As Chorus 1

Interlude ‖: B7sus4 | B7sus4 | B7 | B7 :‖ F♯m/B | F♯m/B |

         | B | B | B7 | B7 | F♯m/B | F♯m/B ‖

Pre-chorus 3
            F♯m7
'Cause the joke that you laid in the bed that was me

And I'm not gonna fade
            B
As soon as you close you eyes, and you know it.
       F♯m7
And every time I scratch my nails down someone else's back
        B
I hope you feel it, well can you feel it.

Chorus 3   ‖: As Chorus 1 :‖

Your Woman

Words by Jyoti Mishra
Music by Jyoti Mishra, Bing Crosby, Irving Wallman & Max Wartell

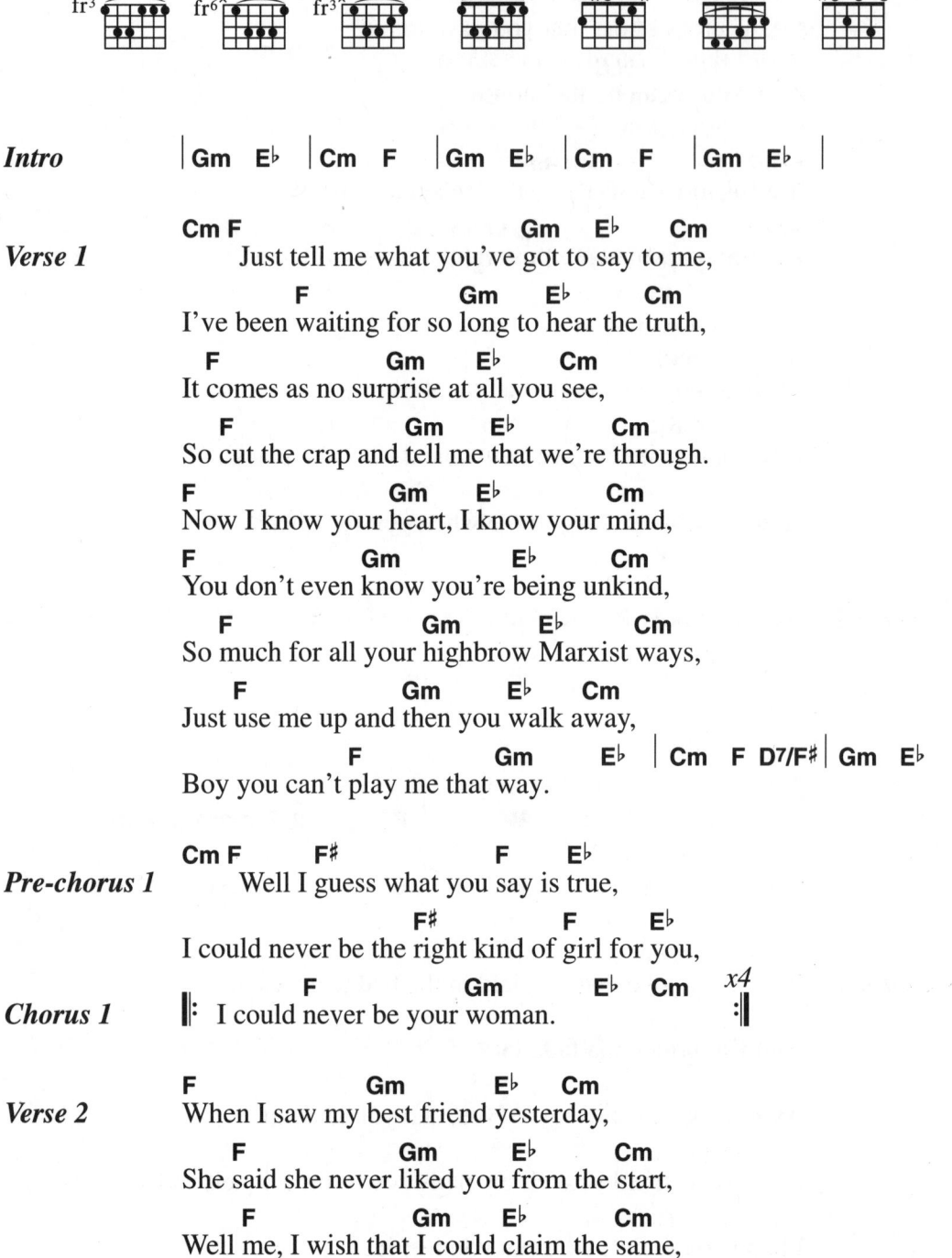

Intro

| Gm E♭ | Cm F | Gm E♭ | Cm F | Gm E♭ |

Verse 1

Cm F   Gm E♭ Cm
Just tell me what you've got to say to me,

     F   Gm E♭ Cm
I've been waiting for so long to hear the truth,

     F   Gm E♭ Cm
It comes as no surprise at all you see,

      F   Gm E♭   Cm
So cut the crap and tell me that we're through.

F   Gm E♭   Cm
Now I know your heart, I know your mind,

F   Gm   E♭   Cm
You don't even know you're being unkind,

     F   Gm   E♭   Cm
So much for all your highbrow Marxist ways,

    F   Gm E♭ Cm
Just use me up and then you walk away,

          F   Gm   E♭ | Cm F D7/F# | Gm E♭ |
Boy you can't play me that way.

Pre-chorus 1

Cm F   F#   F   E♭
Well I guess what you say is true,

                F#   F   E♭
I could never be the right kind of girl for you,

Chorus 1

          F   Gm   E♭ Cm   *x4*
‖: I could never be your woman. :‖

Verse 2

    F   Gm   E♭ Cm
When I saw my best friend yesterday,

      F   Gm   E♭   Cm
She said she never liked you from the start,

      F   Gm   E♭   Cm
Well me, I wish that I could claim the same,

	F Gm E♭ Cm

cont.

     F   Gm   E♭   Cm
But you always knew you held my heart.

         F   Gm   E♭   Cm
And you're such a charming handsome man,

F   Gm   E♭   Cm
Now I think I finally understand,

F   Gm   E♭   Cm
Is it in your genes? I don't know,

F   Gm E♭   Cm
But I'll soon find out, that's for sure,

                    F   Gm   E♭ | Cm   F D7/F♯ | Gm   E♭ |
Why did you play me this way?

Pre-chorus 2   As Pre-chorus 1

Chorus 2   ‖: F   Gm   E♭ Cm   *x3*
                        I could never be your woman.   :‖

                    F   Gm   E♭ Cm   F
I could never be your woman.

Instrumental   ‖: Gm E♭ | Cm F | Gm E♭ | Cm F :‖ N.C. | N.C. | N.C. | N.C. ‖

                    | F♯   F | E♭ | F♯   F | E♭   F ‖

                    (F)   F♯   F   E♭
Pre-chorus 2   Well I guess what they say is true,

                                      F♯   F   E♭
I could never spend my life with a man like you,

Chorus 3   As Chorus 2

Outro | Gm E♭ | Cm F | Gm E♭ | Cm F | Gm E♭ | Cm F | Gm E♭ | Cm F D7/F♯ |

                    | Gm | E♭ | Cm | A7sus4 ‖

You're Gorgeous

Words & Music by
Steven Jones

C/G   F/A   Fadd9   C   F   F/G

Intro
| C/G | F/A | C/G | Fadd9 ||

Verse 1

   C   F
Remember that tank top you bought me?
C   F/G
You wrote "you're gorgeous" on it,
C   F
You took me to your rented motor car
C   F/G
And filmed me on the bonnet.

Verse 2

C   F
You got me to hitch my knees up
C   F/G
And pull my legs apart,
C   F
You took an Instamatic camera,
C   F/G
And pulled my sleeves around my heart.

Chorus 1

         C   F
Because you're gorgeous
   C   F/G
I'd do anything for you,
         C   F
Because you're gorgeous
 C   F/G
I know you'll get me through.

Verse 3

C   F
  You said my clothes were sexy,
C   F
  You tore away my shirt,
C   F
  You rubbed an ice cube on my chest,
C   F
Snapped me 'til it hurt.

Chorus 2

          C   F
Because you're gorgeous
      C   F/G
I'd do anything for you,
          C   F
Because you're gorgeous
     C   F/G
I know you'll get me through.

Instrumental   ‖: C | F | C | F :‖ *Play 4 times*

Verse 4

C   F
  You said I wasn't cheap,
C   F/G
  You paid me twenty pounds,
C   F
  You promised to put me in a magazine
      C   F/G
On every table in every lounge.

Chorus 3

          C   F
‖: Because you're gorgeous
      C   F/G
I'd do anything for you,
          C   F
Because you're gorgeous
     C   F/G
I know you'll get me through. :‖ *Repeat to fade*
                                          with vocal ad lib.

Zombie

Words & Music by
Dolores O'Riordan

Em   Cmaj7   G6   G6/F#

Intro ‖: Em | Cmaj7 | G6 | G6/F# :‖ *Play 4 times*

Verse 1

    Em   Cmaj7
Another head hangs lowly,

G6   G6/F#
Child is slowly taken.

    Em   Cmaj7
And the violence caused such silence,

G6   G6/F#
Who are we mistaken?

         Em
But you see, it's not me,

       Cmaj7
It's not my family,

     G6
In your head, in your head,

        G6/F#
They are fighting.

       Em
With their tanks and their bombs

     Cmaj7
And their bombs and their guns,

    G6   G6/F#
In your head, in your head they are crying.

Chorus 1

      Em   Cmaj7
In your head, in your head,

    G6   G6/F#
Zombie, zombie, zombie, hey, hey.

         Em   Cmaj7
What's in your head, in your head?

    G6   G6/F#
Zombie, zombie, zombie, hey, hey, hey.

Bridge 1

      Em   **Cmaj⁷**
Oh, doo, doo, doo, doo,

                  G6
Doo, doo, doo, doo,

                G6/F♯
Doo, doo, doo, doo,

          Em **Cmaj⁷** **G6** **G6/F♯**
Doo, doo, doo, doo.

Verse 2

Em   **Cmaj⁷**   **G6**
  Another mother's breakin' heart

         G6/F♯
Is taking over.

Em   **Cmaj⁷**
  When the violence causes silence,

G6   **G6/F♯**
We must be mistaken.

           Em
It's the same old theme

        Cmaj⁷
Since nine - teen sixteen,

        G6
In your head, in your head,

          G6/F♯
They're still fighting.

        Em
With their tanks and their bombs

        Cmaj⁷
And their bombs and their guns,

      G6   **G6/F♯**
In your head, in your head they are dying.

Chorus 2   As Chorus 1

Bridge 2

Em
Oh, oh, oh, oh,

Cmaj⁷
Oh, oh, oh, hey,

G6   **G6/F♯**
Oh, ya, ya.

Instrumental | Em | Cmaj⁷ | G6 | G6/F♯ ‖: Em | Cmaj⁷ | Em | Cmaj⁷

Solo ‖: Em | Cmaj⁷ | G6 | G6/F♯ :‖ *Play 4 times*

| Em | Cmaj⁷ | Em | Cmaj⁷ | Em | Cmaj⁷ | Em ‖

Wonderwall

*Words & Music by
Noel Gallagher*

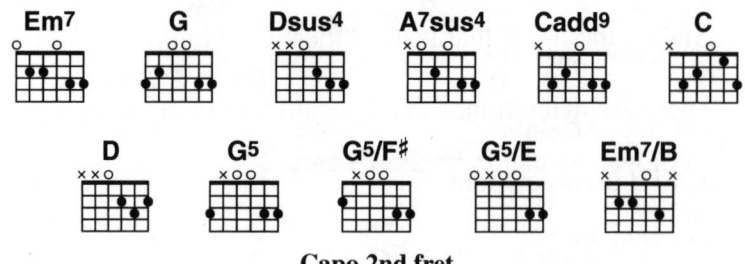

Capo 2nd fret

Intro ‖: Em⁷ G | Dsus⁴ | A⁷sus⁴ | Em⁷ G | Dsus⁴ | A⁷sus⁴ :‖

Verse 1

Em⁷   G
Today is gonna be the day

   Dsus⁴   **A⁷sus⁴**
That they're gonna throw it back to you,

Em⁷   G
By now you should have somehow

  Dsus⁴   **A⁷sus⁴**
Realised what you gotta do.

Em⁷   **G** **Dsus⁴** **A⁷sus⁴**
I don't believe that anybody feels the way I do

    Cadd⁹ Dsus⁴ | **A⁷sus⁴** ‖
About you now.

Verse 2

Em⁷   **G**
Back beat, the word is on the street

   Dsus⁴   **A⁷sus⁴**
That the fire in your heart is out,

Em⁷   **G**
I'm sure you've heard it all before,

   Dsus⁴   **A⁷sus⁴**
But you never really had a doubt.

Em⁷   **G** **Dsus⁴** **A⁷sus⁴**
I don't believe that anybody feels the way I do

    Em⁷ G | **Dsus⁴ A⁷sus⁴** ‖
About you now.

Bridge 1

           C   **D**   **Em**
And all the roads we have to walk are winding,

           C   **D**   **Em**
And all the lights that lead us there are blinding,

  C   **D**   **G5**   **G5/F♯ G5/E**
There are many things that I would like to say to you

       G5   **A7sus4**
But I don't know how.

Chorus 1

        Cadd9   **Em7** | **G**
Because maybe,

    Em7   **Cadd9**   **Em7 G**
You're gonna be the one that saves me,

   Em7 Cadd9   **Em7** | **G**
And after all,

       Em7   **Cadd9** **Em7** | **G Em7/B** | **N.C. A7sus4** ‖
You're my wonderwall.

Verse 3

Em7   **G**
Today was gonna be the day,

      Dsus4   **A7sus4**
But they'll never throw it back at you,

Em7   **G**
By now you should have somehow

    Dsus4   **A7sus4**
Realised what you're not to do.

Em7   **G**   **Dsus4**   **A7sus4**
I don't believe that anybody feels the way I do

     Em7 G | **Dsus4 A7sus4** ‖
About you now.

Bridge 2

           C   **D**   **Em**
And all the roads that lead you there were winding,

           C   **D**   **Em**
And all the lights that light the way are blinding,

  C   **D**   **G5**   **G5/F♯ G5/E**
There are many things that I would like to say to you

       G5   **A7sus4**
But I don't know how.

Chorus 2

    Cadd9   **Em7** | **G**
I said maybe

    Em7   **Cadd9**   **Em7** | **G**
You're gonna be the one that saves me

    Em7 Cadd9 **Em7** | **G**
And after all

    Em7   **Cadd9 Em7** | **G Em7** ‖
You're my wonderwall.

Chorus 3   As Chorus 2

Outro

    Cadd9   **Em7** | **G**
I said maybe

    Em7   **Cadd9**   **Em7** | **G**
You're gonna be the one that saves me,

    Em7   **Cadd9**   **Em7** | **G**
You're gonna be the one that saves me,

    Em7   **Cadd9**   **Em7** | **G Em7** ‖
You're gonna be the one that saves me.

Instrumental ‖: **Cadd9 Em7** | **G Em7** | **Cadd9 Em7** | **G Em7** :‖